IFAC
国际会计师联合会出版物中文译本系列

# 中小会计师事务所质量控制指南
（第三版）

国际会计师联合会　制　　定
中国注册会计师协会　组织翻译

中国财政经济出版社

**图书在版编目（CIP）数据**

中小会计师事务所质量控制指南（第三版）/ 国际会计师联合会发布；中国注册会计师协会译．—北京：中国财政经济出版社，2014.3
（国际会计师联合会出版物中文译本系列）
书名原文：Guide to Quality Control for Small - and Medium - Sized Practices
ISBN 978 - 7 - 5095 - 3388 - 8

Ⅰ.①中…　Ⅱ.①国…②中…　Ⅲ.①会计师事务所 - 质量控制 - 指南　Ⅳ.①F233 - 62

中国版本图书馆 CIP 数据核字(2012)第 015072 号

责任编辑：蔡丽兰　　　　责任校对：胡永立
版式设计：录文通

中国财政经济出版社 出版
URL：http：//www.cfeph.cn
E - mail：cfeph @ cfeph.cn

社址：北京市海淀区阜成路甲 28 号　邮政编码：100142
营销中心电话：88190406　北京财经书店电话：64033436　84041336
北京财经印刷厂印刷　各地新华书店经销
787 × 1092 毫米　16 开　11.25 印张　212 000 字
2014 年 6 月第 1 版　2014 年 6 月北京第 1 次印刷
定价：28.00 元
ISBN 978 - 7 - 5095 - 3388 - 8/F · 2871
（图书出现印装问题，本社负责调换）
本社质量投诉电话：010 - 88190744
反盗版举报热线：88190492、88190446

中小会计师事务所质量控制指南（第三版）：Guide to Quality Control for Small-and Medium-Sized Practices, Third Edition ISBN：978 -1 -60815 -097 -7

# 国际会计师联合会出版物译丛

## 序　言

党的十八大对我国改革开放作出了新的部署，要求我们始终把改革创新精神贯彻到治国理政各个环节，坚持社会主义市场经济的改革方向，坚持对外开放的基本国策，不断推进理论创新、科技创新、文化创新以及其他各方面创新，不断推进我国社会主义制度自我完善和发展。

改革开放是中国经济社会发展的动力。从某种意义上讲，开放又是改革的动力。对外开放，有助于我们学会怎样搞市场经济；对外开放，倒逼我们去调整不适合市场经济的法律规范；对外开放，引导我们调整主体行为，使之更加适应市场经济要求。

改革和开放的这一逻辑关系，也为我国会计行业的改革开放实践所证明。在改革开放初期，我们引进了国际会计公司，紧接着引进了国际会计执业标准。通过持续不断的学习和借鉴，与计划经济相适应的会计制度实现了转型，审计制度从恢复重建到逐渐成熟，建立起与社会主义市场经济相适应的，与国际执业标准趋同的会计、审计、职业道德和继续教育标准，使中国会计行业始终走在改革开放的前列，为经济发展和国际合作架设桥梁，为企业、资金、商品的交流提供信息支持和制度力量。中国会计审计制度的国际趋同是一个动态的过程，需要与时俱进。对国际会计执业标准的学习和研究，同样需要与时俱进。

国际会计师联合会（IFAC）是会计职业界的世界组织，成立于1977年，有来自全世界120多个国家的170多个成员组织，代表着250多万名分布于经济、行政、教育等各个领域的职业会计师。IFAC的宗旨是不断增强世界范围内的会计行业，维护公众利益。它通过制定高质量的执业准则，促进对这些准则的遵守，增进准则的国际趋同，支持国际经济的稳健发展。为此，IFAC设立了国际审计与鉴证准则理事会（IAASB）、国际会计师职业道德准则理事会（IESBA）、国际会计教育准则理事会（IAESB）以及国际公共部门会计准则理事会（IPSASB），分别制定国际审计准则体系和国际职业会计师道德守则等执业标准，得到各国家和地区的广泛采用或借鉴。

为支持国际会计执业标准的引进和学习，服务中国会计执业标准国际趋同的进程，中国财政经济出版社发起国际会计师联合会出版物的全面译介工作，并邀请我和几位同行朋友担任这套出版物的翻译审核工作，我们为能参与这一光荣的事业感到自豪。

关于翻译，前辈们有过系统的总结和深刻的表达，其中，“信、达、雅”是最为后人推崇也是最应当为我们所遵循的原则。但是，原则总是抽象的，不同的人会有不同的理解和实践，特别是，“信、达、雅”是文学翻译家针对文学作品翻译而言的，具体到会计审计专业文献的翻译，在“信、达、雅”的实践上，则需要结合专业特性加以运用。从某种意义上讲，文学翻译是一件艺术工作，而专业文献的翻译（以下主要针对英文）是一件科学工作，科学工作需要遵循科学的原则。

关于“信”。“信”强调的是忠实于原文。文学讲意境，中外皆然。基于中国偏重“感性”的文化性格，中文在表达文学意境上有足够资源，所以，在文学翻译上做到“信”，即，反映原文的意境，似乎不难。而会计审计标准讨论的是专业技术问题，它固然有意境上的要求，但更强调技术和实践上的精确性。在会计审计领域，由于我们在历史上没有过这样的技术和实践，也就没有创造出对应的中文词汇，这个问题曾经害苦了许多翻译者。ASSURANCE 是审计学的基础概念，ASSURANCE 的基本意义是保证、担保，甚至还有保险、自信的意义，如果片面强调“信”，直接译成保证、担保，显然表达不了审计工作和审计报告所具有的合理保证这样的谨慎意义。正是因为如此，我们现在把 ASSURANCE 译成“鉴证”这样一个强调过程和行为而不是结果的词汇，尽管仍然差强人意，但是毕竟留下了进一步解释的空间，而回避了 ASSURANCE 在中文中对应的保证、担保这些容易引起强烈误解的一般译法。再如，PROBABLE 与 POSSIBLE 在表达可能性时的差异，WILL、WOULD、MAY 在表达意愿上的差异，真的很难以一个“信”字就能处理得了。

关于“达”。“达”强调的是通畅。在中文中，通畅的最高境界是“明白晓畅”，要做到这一点，其实是很不容易的。要将一篇英语文献翻译得明白晓畅，就难上加难，其中的原因之一在于，中文与英文表达的构造方法不同。英文的表达是结构化的，普遍地通过介词、连词来引导，有些类似于搭积木，句子的主要成份关系相对清晰，我把它称之为“物理”式的；中文中没有类似于英语中丰富的介词、连词储备，而是通过表达顺序来体现句子主要成份之间的关系，我把它称之为“化学”式的。从这个意义上讲，中文句子是不适合采用复杂结构的。所以，对于一个结构简单、没有多个从句的英文句子，翻译成通畅的中文相对比较容易，而要将一个带有较多从句的英文译成中文，要做到通畅就要困难得多。在会计审计专业文献中，这样的带有多个从句的句子往往非常普遍。所以，在翻译英语专业文献时要体现“达”的要求，就应当在句子结构分解、转换上作很大的努力。

关于“雅”。可以说的不多，权且作为我们执译同志的更高追求吧。

让我们共同努力，把这套丛书编好，为中国会计执业标准国际趋同事业作出应有的贡献。

陈毓圭

2013年8月12日

# 译者说明

国际会计师联合会（IFAC）中小会计师事务所委员会（Small and Medium Practices Committee，以下简称SMP）致力于维护全球中小会计师事务所的形象，提高其执业水平和能力，其中，帮助中小会计师事务所理解和运用国际准则，是SMP的重要职责之一。SMP为此制定和开发了包括《中小会计师事务所质量控制指南》在内的一系列指南。

《中小会计师事务所质量控制指南》（第三版）由SMP和加拿大注册会计师协会（CGA Canada）共同制定，于2011年8月发布。该指南以《国际质量控制准则第1号——会计师事务所对执行财务报表审计和审阅、其他鉴证和相关服务业务实施的质量控制》为基础，为中小会计师事务所执业人员提供了“怎么做”的实务操作方法示例，对中小会计师事务所制定其质量控制制度具有很强的指导意义和参考价值。

目前，我国的注册会计师执业准则，包括会计师事务所质量控制准则，已经实现了与国际准则的持续全面趋同。为了分享和借鉴国际会计职业界的最新成果，经IFAC授权，我会组织专家翻译了该指南，以期为我国广大中小会计师事务所改进和加强质量控制提供有益的参考和借鉴。

本书由中南财经政法大学聂曼曼副教授翻译，中国注册会计师协会专业标准与技术指导部主任唐建华、副主任张革及中国东方资产管理公司陈龙伟进行了审校。中国注册会计师协会副会长兼秘书长陈毓圭、副秘书长杨志国、副秘书长蔡晓峰对本书稿进行了审定。

**中国注册会计师协会**

2014年3月

# 前　言

欢迎阅读由国际会计师联合会（简称 IFAC）中小会计师事务所（SMP）委员会制定的《中小会计师事务所质量控制指南》第三版。

在第三版中，我们有机会修订本指南的两个样板手册，以更明确地与国际质量控制准则第1号（ISQC1）保持一致，同时在语言表述上做较少的改动。不过，值得注意的是，许多使用者可能正在翻译本指南，我们已尽力使本版的修订最小。

本指南于2009年初次发布，由加拿大注册会计师协会（CGA Canada）拟定，旨在促进对国际质量控制准则第1号“会计师事务所对执行财务报表审计和审阅、其他鉴证和相关服务业务实施的质量控制”（ISQC1）的一贯执行。它提供了“怎么做”的实务方法，供执业人员在制定会计师事务所质量控制制度时选用。最终，它应当帮助中小会计师事务所为其客户提供高质量的服务，更好地服务于中小企业以及更广泛的公众利益。

请注意，本指南为运用 ISQC1 提供了非权威性指引。它不能替代对 ISQC1 的阅读，而是意图通过解释和说明遵守 ISQC1 所必要的步骤和程序，支持对该准则的运用。

为了帮助会员团体最大程度地利用本指南及其姊妹刊物——《运用国际审计准则执行中小企业审计指南》，中小会计师事务所委员会正在制定一个配套指南，以便连同其他资料一起，为运用上述两个指南进行教育和培训提供支持。配套指南将包括对 IFAC 会员团体及会计师事务所如何根据自身需求和各国（地区）的规定，最佳地使用上述两个指南提出的建议。

IFAC 中小会计师事务所委员会欢迎读者访问其中小会计师事务所国际中心（www. ifac. org/smp），除上述两个指南外，还提供很多其他免费出版物和资源。

Sylvie Voghel

IFAC 中小会计师事务所委员会主席

2011 年 8 月

# 征求意见

这是本指南的第三版，具有较高质量和可用性，但仍有改进的空间。因此，我们定期更新本指南，以保证它能够反映现行准则的要求，并尽可能有用。

我们欢迎各国准则制定机构、IFAC会员团体、执业人员以及其他各方的评论。我们特别欢迎针对下列问题所作的评论：

1. 你怎样使用本指南？比如，是用作培训的基础资料、实务参考指引或其他用途？

2. 你认为本指南反映了中小会计师事务所中关键的会计师事务所层次质量控制问题吗？

3. 你认为本指南容易掌握吗？如果不是，你能够提出改进建议吗？

4. 你认为何种方式能使本指南更有用？

5. 你知道以本指南为基础的衍生产品吗？比如，培训资料、表格、核对表和程序表。如果知道，请提供细节。

请按照下列方式将你的评论提交 Paul Thompson。

E－mail：paulthompson@ ifac. org

传真：+1 212－286－9570

地址：Small and Medium Practices Committee
International Federation of Accountants
545 Fifth Avenue，14th Floor
New York，NY 10017，USA

# 免责声明

本指南旨在帮助执业人员在中小会计师事务所执行国际质量控制准则第1号“会计师事务所对执行财务报表审计和审阅、其他鉴证和相关服务业务实施的质量控制”（ISQC1），而非替代ISQC1。此外，执业人员应当根据自己的职业判断以及会计师事务所和每项特定业务所涉及的事实和环境，运用本指南。IFAC不对由于使用本指南而直接或间接产生的后果承担任何职业责任或法律责任。

# 目　录

# 如何使用本指南

本指南旨在为中小会计师事务所实施质量控制制度提供实务指引。不过，本指南不应当成为下列事项的替代物：

- **阅读 ISQC1**

使用本指南的前提是假定执业人员已经了解国际质量控制准则第 1 号“会计师事务所对执行财务报表审计和审阅、其他鉴证和相关服务业务实施的质量控制”（ISQC1）。该质量控制准则最近根据明晰项目的原则改写，并收录于《国际质量控制、审计、审阅、其他鉴证和相关服务公告手册》，该手册可从 IFAC 在线出版物及资源免费下载（网址为 http：//web. ifac. org/publications）。ISQC1、所有的其他明晰化后的准则以及常见问题（FAQs）和其他支持性资料也能从明晰中心（网站专栏）获取（网址为 http：//web. ifac. org/clarity - center/index）。

- **运用职业判断**

当需要对某一准则的要求作出解读时，执业人员需要运用职业判断；同时，执业人员需要根据会计师事务所和每项业务涉及的特定事项和环境运用职业判断。

尽管中小会计师事务所是本指南预期的主要使用群体，本指南也可以帮助其他执业人员执行有关财务报表审计和审阅、其他鉴证和相关服务业务的质量控制要求。

本指南能够用于下列目的：

- 帮助会计师事务所制定质量控制制度；
- 促进在执行审计、审阅、其他鉴证和相关服务业务时对质量控制要求的一贯运用；
- 为会计师事务所内部培训提供参考资料。

本指南经常提及项目组，这意味着参与业务执行的不止一人。不过，相同的基本原则也适用于仅由一人（执业人员）执行的业务。

## 本指南的再版、翻译和改编

IFAC 鼓励对其出版物的再版、翻译及改编，并为之提供便利。对本指南再版、翻译或改编感兴趣者应当联系 permissions @ ifac. org。访问翻译数据库（www. ifac. org/Translations/database. php）可以获取当前的 IFAC 出版物翻译清单。

# 内容和组织结构

（一）内容概述

下表对本指南各部分内容作了概述。

| 章 | 标题 | 目的 |
|---|---|---|
| 1 | 对业务质量承担的领导责任 | 说明会计师事务所对培育重视质量控制的内部文化所承担的责任 |
| 2 | 相关道德要求 | 为界定职业道德的基本原则提供指引 |
| 3 | 客户关系和具体业务的接受与保持 | 为建立适当的接受与保持政策和程序提供指引 |
| 4 | 人力资源 | 为有效的质量控制政策和程序中的人力资源构成要素提供指引 |
| 5 | 业务执行 | 为涉及业务执行的要素提供指引，尤其是项目合伙人的作用，计划、监督与复核，咨询，意见分歧的解决，以及项目质量控制复核的实施 |
| 6 | 监控 | 为会计师事务所有关质量控制制度的监控政策和程序提供指引，包括会计师事务所的监控方案、检查程序、监控报告、对缺陷的处理和消除、对投诉和指控的回应 |
| 7 | 记录 | 为会计师事务所的记录要求提供指引，既有业务层面的记录要求（包括项目质量控制复核），又有针对会计师事务所质量控制制度的记录要求 |

附录

本指南的附录包括 8 个特殊的资源：

- 附录 A——合伙人和员工对独立性的确认
- 附录 B——保密确认函
- 附录 C——客户的接受（建议的考虑事项）
- 附录 D——人员的委派（建议的计划步骤）
- 附录 E——咨询
- 附录 F——项目质量控制复核（建议的程序）
- 附录 G——质量控制制度的监控过程（建议的考虑事项）
- 附录 H——监控报告（建议的内容）

会计师事务所可选择运用上述附录，辅助其实务工作。使用者可以根据适用国家或地区的法律法规的规定和职业要求对这些附录进行改编，也可以根据会计师事务所的政策和程序对其进行适当改编，以满足会计师事务所的特殊需求。

（二）组织结构概述

本指南的每一章都按照下列格式展开：

- **每章的标题**
- **每章的目的**

每章的目的列出了该章的主要内容和拟实现的目的。

- **主要参考资料**

每章开头提到的参考资料提及了 ISQC1 中对该章讨论的主要事项最为适用的那些段落。这并不意味着其他参考资料就不适用或不需要考虑。

- **概要和每章正文**

概要部分提供：

- ISQC1 适用要求的内容；
- 对该章主要事项的简要说明。

概要之后是对该章主要事项更为详尽的讨论，以及就如何实施那些要求而提出的实务性逐步指引或方法。这包括对其他相关资料的交叉索引，尤其是《国际审计准则第 220 号——对财务报表审计实施的质量控制》。

## 本指南使用的首字母缩略词

IAASB：国际审计与鉴证准则理事会

IAESB：国际会计教育准则理事会

IES： 国际教育准则

IFAC： 国际会计师联合会

IESBA Code：国际会计师职业道德准则理事会“职业会计师道德守则”

IFAC Handbook：IFAC《国际质量控制、审计、审阅、其他鉴证及相关服务公告手册》

IFRS：国际财务报告准则

ISA： 国际审计准则

ISAE：国际鉴证业务准则

ISQC：国际质量控制准则

ISRE：国际审阅业务准则

ISRS：国际相关服务准则

SME：中小企业

SMP：中小会计师事务所

## 目的

本指南的目标是保持并加强与会计师事务所整体行为相关的业务执行质量。因此，本指南既包含了要求，又包含了应用性材料，以全面涵盖ISQC1的内容。

当实施本指南的建议时，执业人员应当确信，在与会计师事务所人员沟通时，除了说明质量控制政策和程序拟实现的目标之外，还要对这些政策和程序本身予以详细说明。执业人员也应当强调每个人都对质量承担责任并被要求遵守会计师事务所的政策和程序。

ISQC1规范了会计师事务所对有关财务报表审计和审阅、其他鉴证以及相关服务业务质量控制制度所负的责任。

## 对样板手册的改编

会计师事务所希望改编样板手册，以满足他们自身实务的需求。因此，有必要详细阅读样板手册，并根据会计师事务所的特殊需求对其进行改编。

下列内容应当根据实务中对手册的使用需求予以修正：

- 选择适用于会计师事务所状况的参考资料（样板手册中已提供了建议的会计师事务所状况——两个质量控制样板手册的第五页都介绍了建议的会计师事务所状况）。
- 对适用于会计师事务所的所有关键质量控制职能分派责任。
- 对政策（已列示的）进行选择，或在适当时修正政策。
- 确信业务模板得到更新，以反映手册中的政策。
- 确信所有合伙人达成一致意见（如果是合伙制会计师事务所）。
- 向所有合伙人和员工展示手册，最好是在召开研讨班时。
- 改变页眉和页脚，插入会计师事务所的名称和手册的完成日期（未来每次更新时，这个日期都应相应改变）。
- 作为新员工入职培训的一部分，为其提供手册，并进行后续面谈，以确保新员工已阅读并理解手册。
- 发布新准则或新会计师事务所政策时，复核并更新手册（建议每年至少一次执行这项任务）。

值得注意的是，在个人开办的会计师事务所（简称个人会计师事务所）的样板手册中，“员工”是指执行与业务相关的技术任务，以支持个人会计师事务所的一个或多个人员。因此，此处所称“员工”并不包括只执行非技术工作的行政人员。

## 引言

会计师事务所制定的质量控制政策和程序的性质、范围及形成的工作底稿，取决于会计师事务所的规模、性质和运行特征等诸多因素，并随之变化。有效的政策和程序并不耗时，也不复杂。在小规模会计师事务所里，一个人可能不得不执行实施质量控制制度必需的大部分职能，或者会计师事务所可能决定，由会计师事务所外部的有资格的人员提供这项服务。

本指南包括一个案例研究，可作为培训和研讨材料的基础。

## 对案例研究的介绍

本指南附有案例研究，以说明质量控制制度的某个要素如何在实务中得以运用。下面的描述提供了 M. M. & Associates 这个虚构的个人会计师事务所的背景信息。接下来的章节包含了对该案例的评论，以说明实务中的概念。

### M. M. & Associates

**总体情况**

Marcel Mooney 是个人单干的执业注册会计师，在 M. M. & Associates 执业，该所共有四个雇员。会计师事务所执行大量的审阅业务（有一些业务是代表家庭成员或关系密切的私人朋友），几项小型审计，以及三项中等规模的审计。最重要的审计客户包括一个养老院，一个当地政府机构和镇上最大的摩托车交易商。该政府机构最近有许多负面新闻，其高管被指控有腐败行为。Marcel 认识那些高管很多年了，他认为这些指控是空穴来风。养老院已经拖欠去年的审计费用近一年的时间了，会计师事务所需要尽早计划外勤工作。

Marcel 目前 48 岁，从 1990 年开始他单干的执业生涯。在过去的 18 年中，会计师事务所逐渐成长起来。Marcel 是一个精力充沛的人，使办公室生活有趣。如果某事看起来比较有趣，Marcel 通常会身处其中。他是一个优秀的营销者，无论去哪儿，都会推销会计师事务所的业务。Marcel 收入丰厚，没有退休的打算。M. M. 雇佣了 Deborah D'Alessandro（她有三年的会计师事务所工作经验，希望明年能有资格成为职业会计师），Bob Morton（一个会计技术人员），以及两个学生（最近刚加入一个职业会计学习计划，是会计师事务所的新人）。Bob 有一年的工作经验，四个月前

来到会计师事务所。他的工作热情弥补了经验上的欠缺。Deborah 不断提醒 Bob 向客户问更多问题，并更加完整地做好记录。在几项业务中，Bob 遗漏了档案中的关键事项，Deborah 不得不回头找客户索要进一步的信息。

像许多其他执业人员一样，Marcel 总是不愿拒绝新客户，即便有时是那些声誉不佳的客户。他认为每个人都有接受职业服务的权利。最近，Marcel 接受了 Mark Spitzer 作为审计客户。Mark 在当地开了一家餐馆，与声誉有些问题的社会成员有关联。过去 Mark 曾与税务机关有历史问题，并因此招致罚款、处罚，在一个案子中，还曾获得缓刑。Deborah 对审计和工作环境不抱希望，她只是忍耐着把工作做完。

尽管会计师事务所规模小，Marcel 对政策制定也抱着某种漫不经心的态度，会计师事务所并没有被投诉或指控的记录，大多数客户也对会计师事务所的服务表示满意。

**会计师事务所的计划过程**

会计师事务所的计划过程包括 Marcel 花一天时间考虑去年的情况，并编制一个简单的预算。预算通常是根据已知的客户盈亏调整去年的数字。预算也包括处理资本要求、员工成本和办公费用。因为镇上的竞争者似乎执行更少的审计和审阅业务，Marcel 认为这是增加他鉴证业务市场份额的机会。他设想到监管机构登记，以便能够执行上市实体审计。Marcel 自然与 Deborah 讨论会计师事务所的收入计划，他们俩一起计划明年的员工及其他资源需求，如设备和家具需求。

**人力资源**

招聘过程是非正式的。如果某个员工宣称要离开会计师事务所，Marcel 会在当地报纸上登招聘广告，或是审核最近收到的求职简历。若找到候选人，Marcel 将对其进行面试，然后做决定。Marcel 试图核查候选人的推荐信或资格，但有时由于面见客户和业务造成的压力，他无法完成这个过程。当时间出现冲突时，Deborah 会帮助 Marcel 规划员工配备并为不忙的人安排工作。

由于初级员工似乎在会计师事务所都呆不长，Marcel 不愿意花时间和金钱培训他们。此外，他相信“工作中”训练是最佳的训练。而且，他不经常进行业绩评价，在任何人员的档案上都只留下简短的说明，只有对编制必要的年度收益报告单所需的法定人员信息是个例外。

**职业准则**

Marcel 关心新的独立性规则。他害怕这些规则可能阻止他执行某些鉴证业务。例如，当 Deborah 向他询问会计师事务所与一个新审计客户（Magnificent Dollar 商店，Marcel 的嫂子在其中拥有部分权益）的独立性关系时，他回复说“我几乎不认识那个女人，这对独立性没有不利影响”。

Marcel 花费时间经营客户关系或吸引客户，因此，他无法如设想的那样跟进新职业准则。他感到新准则太复杂、太耗时，以致执业人员和他们的客户难以理解。他几乎没有时间熟悉全部的税务变化。Marcel 非常依赖 Deborah，以确信业务档案符合职业准则的要求。

Marcel 拒绝先进的技术，但在某些压力下，他最近为想开始使用电子工作底稿软件的 Deborah 和 Bob 购买了笔记本电脑。学生们则共享一台台式电脑。Marcel 已经考虑成为当地小规模会计师事务所协会的一员，该协会可以提供针对新准则的培训，不过，他还没有时间联系并调查加入该协会的好处和相应成本。

由于两年前实施往期业务质量检查时收到的评论，M. M. 订阅了某些图书馆资料，包括含有标准化模板的审计和审阅手册。尽管有负面评论，Marcel 对业务质量检查的态度只是想获得“及格”而已，不想实施特殊的程序，因为他认为这只会消耗他的人员本已有限的时间，不会导致会计师事务所的收费增长。

**计划和档案复核**

因为 Marcel 很了解他的客户，他认为几乎不需要计划面谈。会计师事务所最常用的方法仅仅是沿袭去年的做法。Marcel 对他自己的工作档案进行复核。外勤工作开始前，Marcel 会为项目人员做简要的情况说明。会计师事务所会取得业务约定书，但对于老客户，通常在完成业务后才取得业务约定书。多数时间都会使用标准化模板。员工被要求尽最大努力完成工作档案，然后上交档案以备复核。在上交档案给 Marcel 签署前，Deborah 会复核她自己的工作以及 Bob 和学生们的工作。Marcel 本能地不愿意做复核档案这一需要耐心的工作，如果档案里有太多内容，他常常会有挫败感。他想花时间进行仔细的复核，但有时雇员放入档案的内容太多，使得复核非常花时间。

在听说新质量控制准则后，Marcel 要求 Deborah 学习这些准则，然后向他报告，并就会计师事务所应当做什么给出建议。他提出的一个条件就是在满足要求的情况下，使会计师事务所的变化最小，因为遵循规则会减少赚钱的时间。Deborah 对这种方法感到不舒服。她也知道会计师事务所没有正式的程序确定是否及何时实施项目质量控制复核，但是她知道这只是准则要求的一部分。

## 术语汇总表

本指南中的定义就是IESBA规范、术语汇总表及ISQC1（包含在《国际质量控制、审计、审阅、其他鉴证和相关服务公告手册》中）使用的定义。合伙人和员工都必须清楚这些定义。

鉴证业务

鉴证业务是指执业人员提出结论，以增强除责任方之外的预期使用者对按照标准评价和计量鉴证对象的结果的信任程度的业务。对鉴证对象进行评价和计量的结果就是运用标准得到的信息。

鉴证业务项目组

鉴证业务项目组是指：

（a）鉴证业务项目组的所有成员；

（b）会计师事务所内部能够直接影响鉴证业务结果的所有其他人员，包括：

（i）结合鉴证业务的业绩，对鉴证业务项目合伙人提出薪酬建议，以及进行直接指导、管理或监督的人员；

（ii）为鉴证业务提供技术或行业具体问题、交易或事项咨询的人员；

（iii）对鉴证业务实施项目质量控制的人员，包括项目质量控制复核人员。

审计师的专家

审计师的专家是指在会计或审计以外的某一领域具有专长的个人或组织，其在这一领域的工作被审计师用以协助获取充分、适当的审计证据。专家既可以是审计师的内部专家（如审计师所在会计师事务所或网络事务所的合伙人①或员工（包括临时员工）），也可以是审计师的外部专家。

报告日（与质量控制相关）

报告日是指执业人员在出具的报告上签署的日期。

业务工作底稿

业务工作底稿是指执行业务的人员对执行的工作、获取的结果以及得出的结论作出的记录（有时也使用“工作记录”的术语）。

项目合伙人②

项目合伙人是指会计师事务所中负责某项审计业务及其执行，对代表会计师事务所出具的报告负责，并按要求获得职业团体、立法机构或监管部门适当授权的合伙人或其他人员。

---

① 如相关，“合伙人”和“会计师事务所”也指执行公共部门的类似人员或机构。

② “项目合伙人”、“合伙人”以及“会计师事务所”也指执行公共部门业务的类似人员或机构（如相关）。

项目质量控制复核

项目质量控制复核是指在审计报告日或报告日之前，对项目组作出的重大判断和在编制报告时得出的结论进行客观评价的过程。项目质量控制复核适用于上市实体财务报表审计，以及会计师事务所确定要求实施项目质量控制复核的其他审计业务。

项目质量控制复核人员

项目质量控制复核人员是指项目组成员以外的，具有足够、适当的经验和权限，对项目组作出的重大判断和在编制报告时得出的结论进行客观评价的合伙人、会计师事务所的其他人员、具有适当资格的外部人员或由这类人员组成的小组。

项目组

项目组是指执行某项审计业务的所有合伙人和员工，以及会计师事务所或网络事务所聘请的为该业务实施程序的所有人员。不包括会计师事务所或网络事务所聘请的外部专家。

财务报表①

财务报表是指依据某一财务报告框架对被审计单位历史财务信息作出的结构性表述，包括相关附注，旨在反映某一时点的经济资源或义务或者某一时期的经济资源或义务的变化。相关附注通常包括重要会计政策概要和其他解释性信息。财务报表通常指适用的财务报告框架要求的整套财务报表，有时也指单一财务报表。

会计师事务所

会计师事务所是指由职业会计师设立的独资、合伙、公司或其他形式的执业组织。

独立性

独立性包括：

（a）实质上的独立性——一种内心状态，使得审计师在发表意见时不受损害职业判断的因素影响，诚信行事，遵循客观和公正原则，保持职业怀疑。

（b）形式上的独立性——避免某些事实和情况，该事实和情况如此重大，使得一个理性且充分掌握所有相关信息（包括采取的所有防范措施）的第三方合理推断，认为会计师事务所或鉴证项目组成员的诚信和客观原则或职业怀疑态度受到了损害。

检查（与质量控制相关）

检查是指实施程序以获取证据，确定项目组在完成的业务中是否遵守会计师事务所质量控制政策和程序。

---

① 国际会计师职业道德准则理事会“职业会计师道德守则”的定义：财务报表是指依据其一财务报告框架对被审计单位历史财务信息作出的结构性表述，包括相关附注，旨在反映某一时点的经济资源或义务或者某一时期经济资源或义务的变化。相关附注通常包括重要会计政策概要和其他解释性信息。“财务报表”通常指适用的财务报告框架要求的整套财务报表，有时也指单一财务报表，例如，资产负债表、收入与费用表以及相关解释性附注。

预期使用者

预期使用者是指预期使用鉴证报告的人员或组织。责任方可能是预期使用者，但不是唯一的预期使用者。

关键审计合伙人

关键审计合伙人是指项目合伙人、实施项目质量控制复核的负责人，以及项目组中负责对财务报表审计所涉及的重大事项作出关键决策或判断的其他审计合伙人。根据具体情况和个人对审计发挥的作用，“其他审计合伙人”还可能包括负责审计重要子公司或分支机构的项目合伙人。

上市实体

上市实体是指其股份、股票或债券在法律法规认可的证券交易所报价或挂牌，或在法律法规认可的证券交易所或其他类似机构的监管下进行交易的实体。

监控（与质量控制相关）

监控是指对会计师事务所质量控制制度进行持续考虑和评价的过程，包括定期选取已完成的业务进行检查，以使会计师事务所能够合理保证其质量控制制度正在有效运行。

网络

网络是指符合下列条件的联合体：

（i）以合作为目的；

（ii）明确旨在共享收益或分担成本，或共享所有权、控制权或管理权，共享统一的质量控制政策和程序，共享同一经营战略、使用同一品牌或共享重要的专业资源。

网络事务所

网络事务所是指属于某网络的会计师事务所或实体。

合伙人

合伙人是指在执行专业服务业务方面有权代表会计师事务所的个人。

人员

人员是指合伙人和员工。

执业人员

是指执业的职业会计师。

职业会计师①

职业会计师是指国际会计师联合会成员组织的会员。

职业准则（在 ISQC1 的背景下）

职业准则是指国际审计与鉴证准则理事会业务准则，如在《国际质量控制、审

① 国际职业会计师道德守则对其进行了界定。

计、审阅、其他鉴证和相关服务公告序言》中界定的业务准则和相关职业道德要求。

公众利益实体

公众利益实体包括：

（a）上市实体；

（b）下列实体：（i）法律法规界定的公众利益实体；（ii）法律法规规定按照上市实体审计的独立性要求接受审计的实体。相关监管机构（包括审计监管机构）可能颁布这些法律法规。

公共部门

公共部门是指全国性政府、区域性（例如，州、省、地区）政府、地方（例如，市、镇）政府以及相关的政府实体（例如，机构、理事会、委员会和企业）。

合理保证（针以审计业务和质量控制）

合理保证是指一种高度但非绝对的保证。

相关服务

相关服务包括商定程序和代编服务。

相关职业道德要求

相关职业道德要求是指项目组和项目质量控制复核人员应当遵守的职业道德要求，通常包括国际会计师职业道德准则理事会的《国际职业会计师道德守则》中的 A 和 B 部分以及各国更加严格的要求。

责任方

责任方是指下列人员或组织：

（a）在直接报告业务中，对鉴证对象负责的人员或组织；

（b）在基于责任方认定的业务中，对鉴证对象信息（认定）负责并可能同时对鉴证对象负责的人员或组织。

责任方可能是聘请执业人员（执业方）的委托人，也可能不是委托人。

复核（与质量控制相关）

复核是指对其他人执行工作和得出结论的质量进行评价。

员工①

员工是指合伙人之外的专业人员，包括会计师事务所雇用的专家。

鉴证对象信息

鉴证对象信息是指对鉴证对象进行评价和计量的结果。执业人员需要针对鉴证对象信息收集充分、适当的证据，以作为在鉴证报告中提出结论的合理基础。

① 在个人会计师事务所，建议使用“员工”这一术语时，将其读作并解释成“执行与业务相关的技术任务，以支持个人会计师事务所的人员”。

具有适当资格的外部人员

具有适当资格的外部人员是指执行业务的会计师事务所以外的，具有担任项目合伙人的胜任能力和必要素质的个人，如其他会计师事务所的合伙人，或者其会员可执行历史财务信息审计和审阅、其他鉴证及相关服务业务的职业会计团体或提供相关质量控制服务的组织中具有适当经验的员工。

治理层

治理层是指对被审计单位的战略方向以及管理层履行经营管理责任负有监督责任的人员或组织（例如，公司受托人）。治理层的责任包括监督财务报告过程。对某些司法管辖区中的某些实体而言，治理层可能包括管理层成员，如私人或公共部门实体的治理委员会中的执行成员，或业主兼经理。

## 本指南也使用下列术语：

中小会计师事务所（SMP）

SMP 是指呈现出下列特征的会计师事务所：其客户多数是中小企业（SMEs）；利用外部资源来补充有限的内部技术资源；雇佣的专业员工数量有限。不同国家或地区的 SMP 特征有所不同。

# 总体政策说明

| 本章目的 | 主要参考资料 |
| --- | --- |
| 旨在针对下列事项提供指引：<br>• 需要运用 ISQC1 并遵守相关要求；<br>• 质量控制制度的要素。 | ISQC1. 11，ISQC1. 16 –. 17 |

## 概要

ISQC1. 11 规定：

11. 会计师事务所的目标是建立并保持质量控制制度，以合理保证：

（1）会计师事务所及其人员遵守职业准则和适用的法律法规的规定；

（2）会计师事务所或项目合伙人出具适合具体情况的报告。

ISQC1. 16 –. 17 规定：

16. 会计师事务所应当建立并保持质量控制制度，该制度包括针对下列要素而制定的政策和程序：

（1）对业务质量承担的领导责任；

（2）相关职业道德要求；

（3）客户关系和具体业务的接受与保持；

（4）人力资源；

（5）业务执行；

（6）监控。

17. 会计师事务所应当将质量控制政策和程序形成书面文件，并传达到全体人员。（参见：第 A2 – A3 段）

会计师事务所应当建立、实施、保持、监控并强制执行质量控制制度，以合理保证会计师事务所人员遵守职业准则和适用的法律法规的要求，会计师事务所出具的业务报告适合具体情况。

因此，会计师事务所的质量控制制度应当包括针对下列要素而制定并得以恰当记录、传达与监控的政策和程序。

- 对业务质量承担的领导责任；
- 相关道德要求（包括独立性）；
- 客户关系和具体业务的接受与保持；
- 人力资源；
- 业务执行（包括项目质量控制复核）；
- 监控。

建议质量控制制度的建立以强调下列内容的原则为基础：

- 道德行为；
- 独立性和客观性；
- 保持专业胜任能力；
- 应有的关注和工作质量；
- 一般公认的实务标准；
- 措辞和指引明晰；
- 实用性、相关性与经济性、会计师事务所规模和资源的平衡，以及针对客户和会计师事务所作出的合理的成本效益考虑；
- 合理的客户保持；
- 人员职业发展、满意程度以及留所意愿。

因此，制定质量控制制度旨在涵盖并针对特定要素与实务，为满足或超过职业准则、适用的法律法规和 IESBA 守则①的要求，这些要素和实务是需要的。

在会计师事务所有关质量控制总体政策说明的引言中，会计师事务所应当说明其办所宗旨。会计师事务所也可能希望说明其目标及有关组织结构的细节。

## 全体合伙人和员工的总体角色与责任

全体合伙人和员工都有责任贯彻落实会计师事务所的质量控制政策和程序（责任程度不同）。

在向全体合伙人和员工征询意见时，会计师事务所能够选择识别出它愿意赞同的共同价值，这些共同价值将构成会计师事务所质量控制手册的一部分。这些价值可能包括服务质量，与客户进行及时、适当的沟通，以及会计师事务所内部由诚信、责任心和协商支撑的共融性职业态度。

员工将会计师事务所内部文化解读为奖励高质量表现和工作的文化，这一点很

① 或会员团体的道德规范。

重要。这个信息应当通过所有的沟通手段，例如，会计师事务所的宗旨和目标，内外部培训，以及与会计师事务所合伙人的对话等清晰地传达给会计师事务所的员工。

例如，会计师事务所能够考虑复核全部现有实务工作，以鼓励合伙人和员工按照质量控制指南和政策执行这些业务，如：

- 道德行为和服务质量至上，对商业利益的考虑不可以超越所执行工作的质量；
- 阅读、理解并遵守 IESBA 守则①；
- 了解会计师事务所及其个人识别、披露和记录对独立性的不利影响的责任，以及处理识别出的不利影响的过程；
- 避免可能（或看起来可能）损害独立性的情形；
- 遵守持续职业发展要求，包括保存记录作为相应证据；
- 与现行职业发展、适用的财务报告编制基础和鉴证准则（例如，国际财务报告准则和国际审计准则）、披露和会计实务、质量控制、会计师事务所标准以及相关行业和特定客户的发展保持同步；
- 向其他合伙人和员工提供有礼貌的帮助，当别人需要和请求时，通过分享知识和经验帮助他们，提高为客户服务的质量；
- 保持时间记录（定期进入会计师事务所的计时和账单系统），以追踪和识别在业务和办公活动上花费的时间（包括应收费的和不应收费的）；
- 采取防范措施，正确使用并维护办公设备和电脑设备（包括网络和沟通资源），以及其他共享资产。这包括考虑道德问题、客户保密性和隐私性，仅为适当的商业目的而使用会计师事务所的技术资源；
- 使会计师事务所和客户数据、商业和客户信息以及私人信息得到保护和完全保密；
- 确信已按照适当的信息存储程序（如适用），将会计师事务所生成的有关客户或会计师事务所的电子信息保存至会计师事务所的网络；
- 将观察到的违反会计师事务所质量控制、道德要求（包括独立性要求）、保密要求，或不当使用会计师事务所资源（包括网页和 e - mail 系统）的重大行为告知合伙人或管理者；
- 当给出专业建议或遇到专业建议请求时，对与客户进行的所有重大联系进行记录并予以恰当保存；
- 对所有重大的咨询、讨论、分析、解决办法、与处理对独立性产生的不利影响相关的结论、疑难问题或争议事项、意见分歧以及利益冲突进行记录并予以恰当保存；

① 或会员团体的道德规范。

- 遵守会计师事务所在工作时间、出勤、行政管理、按时完成工作及质量控制方面的实务标准。

对于规模更小的会计师事务所而言，它们可能选择将上述复核工作外包。

## 有益的提示

将全体合伙人和员工聚集到一起召开战略会议。共同明确任务和会计师事务所的目标。确定如何合理实现这些任务和目标。检查组织结构图，以确信当前的组织结构能够支持会计师事务所的目标。

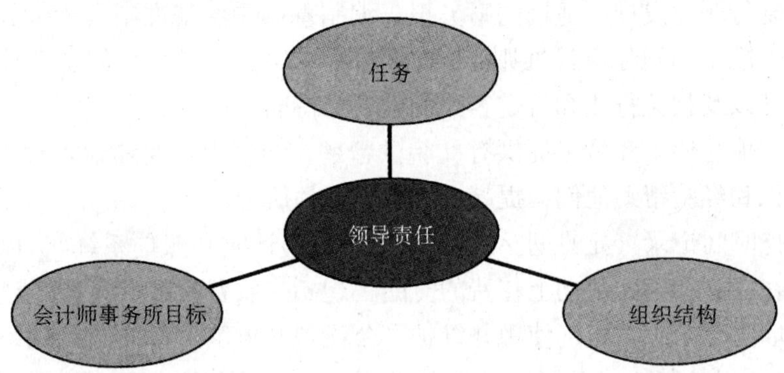

# 第1章 对业务质量承担的领导责任

| 本章目的 | 主要参考资料 |
|---|---|
| 旨在说明会计师事务所对培育重视质量控制的内部文化所承担的责任。 | ISQC1. 18 -. 19 |

## 1.1 概要

ISQC1. 18 -. 19 规定：

18. 会计师事务所应当制定政策和程序，培育以质量为导向的内部文化。这些政策和程序应当要求会计师事务所的首席执行官（或类似人员），或如适当，会计师事务所的合伙人管理委员会（或类似机构），对质量控制制度承担最终责任。（参见：第 A4 - A5 段）

19. 会计师事务所应当建立政策和程序，使受会计师事务所首席执行官或合伙人管理委员会委派负责质量控制制度运作的人员具有足够、适当的经验和能力，以及必要的权限以履行其责任。（参见：第 A6 段）

## 1.2 高层的基调

与会计师事务所及其专业实务相关的所有关键问题由合伙人决策。合伙人的态度、行为及其向员工传递的信息构成了“高层的基调”①。这个基调应当传达出对高质量工作和重视质量控制的内部文化的强有力的支持。

合伙人负责领导和促进形成重视质量控制的内部文化，并负责提供和保持会计师事务所的质量控制手册以及所有必要的其他实务帮助和指引，以支持业务质量。如果

① 参见 IFAC 出版物《高层的基调与审计质量》，可获得更多有关形成正确“高层的基调”的指南，该出版物可从 IFAC 的网站 http：//web. ifac. org/publications/forum - of - fims 免费下载。

会计师事务所希望成功地制定并保持质量控制制度，合伙人致力于实现这一目标就是必要条件。

合伙人负责确定会计师事务所的运营和报告架构。此外，合伙人应当每年或在其他定期基础上，从他们自己或其他有资格的员工中委派人员对质量控制制度要素承担责任。

建议负有特定责任和义务的个人最好在职业责任和法律责任两方面都是最有资格和经验的人员。如果要涵盖所有职能，单个的合伙人可能要对不止一项职能负责。这些职能可能包括办公室管理、独立性问题、利益冲突、保密性问题、质量控制、信息技术以及人力资源。与这些责任相伴的自然是制定并执行政策和程序的权限。

委派的合伙人为其各自的监督职责（会计师事务所有关质量控制的总体政策说明、质量控制手册和合伙人协议对此进行了界定）承担最终责任，并对会计师事务所承担受托责任。

委派的合伙人可能将特定职能和权限指派给其他高级员工，但这些合伙人对其各自的监督职责仍然承担责任。

无论谁负责质量控制制度，合伙人都不应忘记：会计师事务所的商业利益不能超越对质量承担的责任；业绩评价、薪酬和晋升都应表明质量至上的理念；应分配充足的资源，用以制定、记录和支持质量控制政策和程序。

**有益的提示**

在定期安排的员工会议上，建议你提醒全体合伙人和员工，注意遵守会计师事务所的质量控制政策和程序，并利用可获得的工具帮助项目组满足质量控制要求。你可以邀请大家对此进行评论并给出改进建议，还可留出提问时间。这种集会也可以作为一种手段，表明会计师事务所对能证明自己遵守了会计师事务所质量控制制度的合伙人和员工的认可与奖励。

## 领导责任金字塔

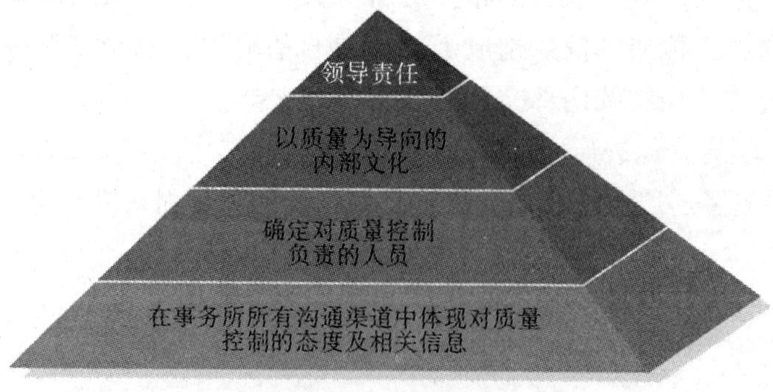

## 案例研究——高层的基调

参见本指南对案例研究的介绍，了解本案例的细节。

### M. M. & Associates

Marcel 对形成重视质量控制的会计师事务所内部文化承担责任。不过，他对这种责任并不明确，从他对为学生们和技术员工制定正式的计划缺乏兴趣，以及没有试图投入力量制定会计师事务所的宗旨说明及拟实现的目标，可以看出这一点。

年度计划（实质上每年只有一天）中没有真正意义上体现 Marcel 应当考虑的内容（包括与会计师事务所潜在客户相关的风险，或新员工的胜任能力）。若 Marcel 出问题很明显会计师事务所会面临很严重的困难。他不在时，没有人承担起管理会计师事务所的责任。

虽然 Marcel 对营销感兴趣也有能力去做，会计师事务所缺乏能使之在市场上获得发展的基础架构。Marcel 想承接上市实体的审计业务，愿意接受风险更大的新业务。不过，时间必须花费在正确评估会计师事务所的能力和确信能够满足这些客户的需求上。

从 Marcel 指示 Deborah 使会计师事务所的变化最小可以看出，他对 IESBA 守则的最新要求持谨慎态度。他没有寻求机会提高质量制度的效率和效果。他似乎也不明白高质量服务的声誉能够成为会计师事务所市场营销的主要因素。

他的行动看起来给员工传递了错误的信息，将不会促进形成尊重道德责任的文化。案例研究中没有提到会计师事务所是否为员工提供最新版本的 IESBA 守则，这些守则能够帮助员工接触到最新的道德公告。

简而言之，Marcel 可能没有满足 ISQC1. 18 –. 19 的要求。

Marcel 应当获取并修改质量控制样板手册，以满足会计师事务所的需求。在这个过程中，向 Deborah（最有经验的员工）咨询是比较有用的。他能够在会计师事务所内部展示新的质量控制手册，无论他亲自讲或是邀请外面的人来讲，都能做到这一点。

Marcel 可能希望在仍然保持健康的边际利润的情况下，聘请外部咨询者提供服务，以了解如何将准则要求的变化纳入会计师事务所的内部规程。这可能意味着更大程度地利用技术，或可能涉及对会计师事务所盈利能力稍差的客户进行检查。Marcel 可能还希望让 Deborah 承担某些质量控制责任。

# 第2章　相关道德要求

| 本章目的 | 主要参考资料 |
| --- | --- |
| 旨在提供关于职业道德基本原则的指引。 | ISQC1.20－.25 |

## 2.1　概要

ISQC1.20 规定：

20. 会计师事务所应当制定政策和程序，以合理保证会计师事务所及其人员遵守相关职业道德要求。（参见：第 A7－A10 段）

重视道德要求是长期成功的基础。对职业会计师而言，职业道德基本原则是：

- 诚信；
- 客观；
- 专业胜任能力和应有的关注；
- 保密；
- 职业行为。

道德涉及知道何时说“不”，以及何时断绝客户、员工甚至合伙人关系。

建议使合伙人知悉其他合伙人从事的有关会计师事务所和客户的活动，成为惯例。在工作日保持定期联系（包括定期安排合伙人会议），以及对风险问题或争议事项制定明确的咨询政策，都有助于确信每个合伙人实际上都知悉其他合伙人的活动。

书面的合伙人协议通常用于处理对争论的解决，以及在分歧太大难以合理解决时解除合伙关系。

无论合伙人或员工是否存在道德问题，会计师事务所都应当制定一个程序，处理违反道德的情形。

## 2.2 独立性

ISQC1.21－.25 规定：

21. 会计师事务所应当制定政策和程序，以合理保证会计师事务所和人员，以及适用时，其他受独立性要求约束的人员（包括网络事务所的人员），保持相关职业道德要求规定的独立性。这些政策和程序应当使会计师事务所能够：（参见：第 A10 段）

（1）向会计师事务所人员以及如适用，向其他受独立性要求约束的人员传达独立性要求；

（2）识别和评价对独立性产生不利影响的情况和关系，并采取适当行动消除这些不利影响，或通过采取防范措施将其降至可接受的水平，或适当时，在法律法规允许的情况下解除业务约定。

22. 这些政策和程序应当要求：（参见：第 A10 段）

（1）项目合伙人向会计师事务所提供与客户委托业务相关的信息（包括服务范围），以使会计师事务所能够评价这些信息对保持独立性的总体影响（如存在）；

（2）会计师事务所人员立即向会计师事务所报告对独立性产生不利影响的情况和关系，以便会计师事务所采取适当行动；

（3）会计师事务所收集相关信息，并向适当人员传达，以便：

①会计师事务所及其人员能够容易地确定自身是否满足独立性要求；

②会计师事务所能够保持并更新有关独立性的记录；

③会计师事务所能够针对识别出的、对独立性产生超出可接受水平的不利影响采取适当行动。

23. 会计师事务所应当制定政策和程序，以合理保证能够获知违反独立性要求的情况，并采取适当行动予以解决。这些政策和程序应当包括下列要求：（参见：第 A10 段）

（1）会计师事务所人员将注意到的违反独立性要求的情况立即告知会计师事务所；

（2）会计师事务所将识别出的违反这些政策和程序的情况，立即传达给下列人员：

①需要与会计师事务所共同处理这些情况的项目合伙人；

②需要采取适当行动的会计师事务所及网络（在适当时）内部的其他相关人员，以及受独立性要求约束的人员；

（3）必要时，项目合伙人以及第（2）②段中提及的人员立即向会计师事务所告知他们为解决有关问题采取的行动，以便会计师事务所能够决定是否应当采取进一步的行动。

24. 会计师事务所应当每年至少一次向所有需要按照相关职业道德要求保持独立性的人员获取其遵守独立性政策和程序的书面确认函。（参见：第 A10 – A11 段）

25. 会计师事务所应当制定下列政策和程序：（参见：第 A10 段）

（1）建立标准，以确定长期委派同一个高级人员执行某项鉴证业务时，是否需要采取防范措施，将因密切关系产生的不利影响降至可接受的水平；

（2）对所有上市实体财务报表审计业务，按照相关职业道德要求的规定，在规定期限届满时轮换项目合伙人、项目质量控制复核人员，以及适用时，受轮换要求约束的其他人员。（参见：第 A12 – A17 段）

独立和客观是职业会计师提供可信的鉴证服务的必要前提条件。

IESBA 守则说明了在执行业务过程中可能对独立性产生不利影响的特定情形和关系，并举例说明了适当的防范措施。IESBA 守则也说明了无法实施防范措施以应对不利影响的情况，因此，必须避免对独立性产生不利影响的情形或关系。

会计师事务所的政策应当要求了解这些规定并具备相关的工作经验，以确信独立性要求能够得到遵守。下列一种或多种情形可能对独立性产生不利影响：

（a）自身利益——经济利益或其他利益不恰当地影响职业会计师的判断或行为所产生的不利影响；

（b）自我评价——职业会计师不能恰当地评价之前作出判断或提供服务的结果所产生的不利影响，这些判断或服务由其本人、其所在会计师事务所或所雇佣单位中的其他个人作出或提供，职业会计师依赖这些判断或服务的结果，形成提供当前服务所需的判断；

（c）过度推介——职业会计师在为客户或雇主提供推介服务时导致职业会计师的客观性受到损害所产生的不利影响；

（d）密切关系——由于与客户或雇主之间的长期或亲密关系，职业会计师过于考虑客户或雇主的利益或轻易接受其工作所产生的不利影响；

（e）外在压力——由于实际或预想的压力，包括对职业会计师施加不应有影响的企图，职业会计师无法客观行动所产生的不利影响。

IESBA 守则的 B 部分提供了应对上述不利影响的适当防范措施举例。尽管特定情形下可能会考虑并运用防范措施，全体合伙人和员工必须熟悉 IESBA 守则（尤其是第 290 节[①]和第 291 节[②]）的禁止条款。

不论员工是否拥有职业资格，鉴证业务项目组的全体成员都必须与其鉴证客户保持实质上的独立和形式上的独立。

下列规定提出的独立性要求都应当得到遵守：

- IESBA 守则（尤其是第 290 节和第 291 节）；
- ISQC1；
- 任何额外的当地要求。

如果采取适当的防范措施不能消除对独立性产生的不利影响或将其降至可接受的水平，会计师事务所应当解除对独立性产生不利影响的活动、利益或关系，或者拒绝接受或保持业务关系。

违反独立性要求的情形必须上报会计师事务所。会计师事务所应当指派适当的合伙人或员工实现这一目的。

### 2.2.1 责任——会计师事务所层次

会计师事务所应当对制定、实施、监控和强制执行政策和程序承担责任，这些政策和程序旨在帮助全体合伙人和员工了解、识别、记录和处理对独立性产生的不利影响，会计师事务所也应当对解决独立性问题承担责任。

为了履行其职责，建议会计师事务所：

- 在会计师事务所的总体政策说明中指定某些人员，由他们对恰当解决对独立性产生的不利影响（鉴证业务项目组采取防范措施未能恰当解决这些不利影响或将其降至可接受的水平）承担最终责任；
- 指定某些人员代表会计师事务所承担责任，因此，（在咨询其他人后）他们拥有解决对独立性产生不利影响的最终决策权，包括：
  - 辞聘特定业务或客户关系；
  - 决定并采取特定防范措施、行动和程序，恰当处理对独立性产生的不利影响；
  - 听取并调查鉴证业务项目组成员（或其他合伙人和员工）提出的尚未解决的独立性遵守问题；
  - 确信恰当记录整个过程及对每一重大独立性问题的解决方法；
  - 对违规行为实施惩戒；
  - 启动并参与计划的预防措施以帮助合伙人和员工避免并处理潜在的独立性问题；

---

① 读者应当注意，第 290 节和第 291 节的修订要求自 2011 年 1 月 1 日起生效。

② 同上。

- ○ 安排特殊的咨询（如需要）；
- ○ 制定并保持政策，要求全体合伙人和员工复核其所处的特定情形，并将可能对独立性产生的任何不利影响告知会计师事务所。

如果识别出超出可接受水平的对独立性产生的不利影响，而会计师事务所决定接受或保持鉴证业务，对会计师事务所的决定应当予以记录。记录应当包括对已识别不利影响的说明，以及用于消除或将不利影响降至可接受水平的防范措施。

建议会计师事务所指派人员对维护数据库承担责任，该数据库提供需要与之保持独立性的全部客户的清单，因此，对这些客户进行投资是被禁止的。如果客户是公众利益实体，数据库将包括其关联方。数据库应当易于全体合伙人和员工获取。

如果会计师事务所的联合体满足某些标准，它将被视为网络，网络内的所有会计师事务所都应与网络中所有其他会计师事务所的审计和审阅客户保持独立。标准与使用同一品牌有关。如果会计师事务所使用联合体的同一品牌签署审计或审阅报告，且联合体是旨在加强成员之间合作的结构，即便网络内部的所有会计师事务所都是独立、有区别的法律实体，该会计师事务所也将被视为网络事务所，并被要求与网络中所有其他会计师事务所的审计和审阅客户保持独立。

对于属于网络的会计师事务所，为了实现彼此之间的有效沟通，从而确信能够满足独立性要求，将需要特殊的过程和程序。参见 IESBA 守则 290. 13 –. 24 段可判断某会计师事务所是否属于网络。

### 2.2.2 责任——合伙人和员工层次

全体合伙人和员工都应知悉并理解 IESBA 守则第 290 节和第 291 节，以及 ISQC1. 20 –. 25 的要求，如果涉及审计工作，还需知悉并理解 ISA220. 11 的要求。鉴证业务项目组的全体成员都应当满足 IESBA 守则对所有鉴证业务及所出具报告提出的独立性要求。

会计师事务所应当向所有需要按照相关道德要求保持独立性的合伙人和员工获取其理解并遵守独立性政策和程序的书面确认函。书面确认函应当每年至少获取一次（纸质或电子形式）。建议每年实施这一过程时，都应当同时对照 IESBA 守则第 290 节和第 291 节，以确定会计师事务所的政策与最新的要求保持同步更新。

附录 A 包括了合伙人和员工对独立性的确认函。会计师事务所应当根据自身的独立性政策对其进行改编。

建议项目合伙人也应当向受派参加鉴证业务的合伙人和员工获取书面确认函，表明该合伙人或员工与客户和业务保持独立，或已向项目合伙人告知对独立性产生的任何不利影响，以便能够采取适当的防范措施，消除该不利影响或将其降至可接受的水平。

会计师事务所应当制定政策和程序，要求会计师事务所人员将知悉的违反独立性要求的情况立即告知会计师事务所，这也包括要求受派参加鉴证业务的合伙人和员工告知项目合伙人，其已知悉鉴证业务项目组的任何成员在披露期间提供了 IESBA 守则第 290 节和第 291 节或其他法律法规禁止的服务，这些服务可能导致会计师事务所无法继续执行鉴证业务。

会计师事务所可能要求鉴证业务项目组成员（包括项目合伙人）采取必要的行动消除对独立性的不利影响，或采取恰当的防范措施将其降至可接受的水平。这些行动可能包括：

- 替换项目组成员；
- 停止或变更在鉴证业务中执行的特定类型工作或服务；
- 不再拥有经济利益或所有者利益；
- 使某个鉴证业务项目组成员不再参加与业务相关的任何重大决策制定过程；
- 停止或改变与客户的个人关系或商业关系；
- 由其他合伙人和员工对工作进行特殊复核；
- 根据具体情况采取适当的其他合理行动。

长期委派同一名高级人员执行某项鉴证业务可能会因密切关系产生不利影响，认识到这一点很重要。建议会计师事务所对此进行计划并考虑应对这些不利影响的恰当防范措施。

会计师事务所应当要求，只要出现道德（包括独立性）问题，需要进行进一步咨询和讨论以解决该问题时，合伙人和员工应向适当的人员提交情况说明。如果合伙人和员工对恰当处理或解决对独立性产生的不利影响感到不满意，建议将这些问题提交会计师事务所内部的最高层予以解决。

### 2.2.3 高级人员（包括合伙人轮换）长期执行公众利益实体审计业务

IESBA 守则第 290 节和第 291 节包含与高级人员长期执行公众利益实体审计业务相关的要求。

按照第 290.151 段的规定，如果审计客户属于公众利益实体，且同一人员已任该项目关键审计合伙人七年，则此后两年内该人员不得参与该项目。关键审计合伙人包括项目合伙人、实施项目质量控制复核的负责人，以及对与审计相关的重大事项作出关键决策或判断的其他合伙人（如有）。

不过，在极其特殊的情况下，由于出现超出会计师事务所控制的无法预见的情形，关键审计合伙人的连任对审计质量特别重要，这时保持某种程度的灵活性也是必要的。例如，在轮换关键审计合伙人的同时，审计客户的结构发生了重大变化，或者替换该关键审计合伙人的项目合伙人生了重病。在这种情形下，不建议或要求轮换关键审计合伙人。如果在规定期限届满时没有轮换关键审计合伙人，会计师事务所应当采取类似的防范措施，将不利影响降至可接受的水平。这些防范措施包括利用与审计项目组无关的会计师事务所外部的职业会计师或会计师事务所内部的某些人员复核审计项目组已执行的工作，或提出必要的建议。

评价鉴证业务项目组的独立性是接受与保持客户这一程序的重要内容。如果评价认为需要对项目组的任一成员进行轮换，建议将这个结论告知会计师事务所内部对道德问题承担责任的人员。

建议在复核具体情况并向其他合伙人咨询后，会计师事务所应当尽快向客户提交书面决定（还应在审计档案里恰当记录该决定）。

为了遵守轮换规定，个人单干的执业注册会计师可能与其他执业人员之间约定提供项目质量控制复核或其他业务服务，或者一群执业人员分担这些职责。参与的执业人员应当恰当记录这种安排，同时应当按照要求修改与每个客户的业务约定书，以正确记录每个期间鉴证报告由谁负责。

不过，对于个人会计师事务所而言，轮换也许不是可用的防范措施。按照 IESBA 守则（290.155 段）的规定，如果相关国家或地区的独立监管者为此类情形下的合伙人轮换提供豁免，按照这一法规，若独立监管者已详细规定了可用的替代防范措施（如定期的独立外部复核），个人可以担任关键审计合伙人达七年以上。

#### 2.2.4　非公众利益实体审计业务人员的轮换

对于非公众利益实体，如果认为有必要轮换人员，负责独立性问题的合伙人或员工要识别替代人选，明确轮换期限及为遵守任何其他相关要求而需采取的其他防范措施。

## 2.3　利益冲突

很多情况下都可能出现利益冲突，例如，合伙人或员工为两个客户提供服务，而这两个客户分别是同一笔交易的买方和卖方，或者合伙人或员工正在帮助客户聘用高级人员，同时知道会计师事务所某个人员的配偶正是该职位的申请者。

IESBA 守则第 220 节包含了与导致利益冲突的利益、影响或关系相关的要求。合伙人和员工不应当存在任何与客户事务相关的损害职业判断或客观性的利益、影响或关系。

#### 2.3.1　利益冲突——会计师事务所层次

会计师事务所对制定、实施、遵守、强制执行和监控实务方法及程序承担责任，这些方法和程序旨在帮助全体合伙人和员工了解、识别、记录和处理利益冲突，并确定恰当的解决办法。

建议在识别出现实的或潜在的利益冲突时，会计师事务所应指派会计师事务所内部对道德问题承担最终责任的人员负责实施恰当的后续程序。

在向其他合伙人和员工进行咨询后，会计师事务所内部对道德问题承担责任的人员应当拥有最终权限，解决任何利益冲突问题，这包括：

- 提起并参加事先的计划措施，以帮助合伙人和员工避免可能出现的利益冲突；
- 确定并要求采取特定的行动和程序，以恰当处理冲突问题，保护客户特定的机密信息，确信获得了客户的恰当同意，并在披露可以接受时予以披露；
- 恰当记录整个过程、采取的防范措施以及作出的决策或建议；
- 拒绝或不再提供服务、业务或行动；
- 实施针对合伙人和员工的惩戒程序，对违规行为进行惩处。

### 2.3.2 利益冲突——合伙人和员工层次

按照IESBA守则的规定，合伙人和员工不可以利用客户信息谋取个人利益，在识别出可能产生利益冲突的情形时，应当采取合理的步骤。他们应当保持应有的关注，遵循会计师事务所的政策，适当时，建议他们与会计师事务所内部负责道德问题的人员讨论这些特殊情形，以确定如何应对及是否应当回避某特定服务。

无论何时识别出现实的或潜在的利益冲突，只有仔细复核了相关事实和情形，合伙人或员工才能采取行动或提出建议或评论。如果会计师事务所内部有人员对道德问题承担责任，建议合伙人或员工与其达成一致意见，以确信要求采取的防范措施和沟通正在生效并得到了恰当执行。建议对这些情形下作出的行动决策或提出的建议进行充分记录。

根据产生冲突的具体情形，下列行动之一通常是必要的：

- 告知客户可能产生利益冲突的会计师事务所的商业利益或活动；
- 告知所有相关方会计师事务所正在为各自利益有冲突的两个或多个相关方服务；
- 告知客户合伙人或员工在提供拟议的服务时不能为任一客户提供排他性服务。

在全部三种情形下，合伙人和员工都应当获取客户对行动的同意。

如果会计师事务所决定接受或保持业务，建议合伙人和员工在业务档案中记录已识别的冲突（通常记录在接受与保持业务部分或计划部分）。这可能包括所有与冲突性质、向他人进行的咨询、得出的结论、采取的防范措施及处理冲突的后续程序相关的函件或讨论。

如果要求内部保密，可能需要使用防火墙，物理、人事、档案和信息安全控制，特定的保密协议，或者职责分离，限制接触档案或数据等手段，防止其他合伙人和员工接触这些保密信息。如果采取这些措施，参与的所有合伙人和员工都应当尊重并遵守这些措施，无一能例外。如果合伙人和员工不确信他们与评估现实或潜在的利益冲突相关的责任，建议他们与没有参与的人员进行讨论，寻求对评估的帮助。如果会计师事务所内部有人员对道德问题承担责任，且利益冲突的情形重要或特别重大，建议将冲突事项提交该人员复核。

如果合伙人或员工知悉其他人的行动（故意或无意地）与会计师事务所有关业务的政策或特殊规定背道而驰（除非明显不重要或无足轻重），建议立即将该事项提交会计师事务所内部对道德问题承担责任的人员（如适用）。同时建议，如果负责道德问题的人员未能恰当处理该事项，合伙人和员工应当将该事项提请会计师事务所内部的最高层处理。

**有益的提示**

通常地，测试利益冲突可能会问下面两个问题。

（1）在特定情形下，如果一方盈利，另一方是否肯定或可能有损失？

（2）我们（合伙人、员工或会计师事务所）能从使用保密信息中获利吗？

你可能还会额外考虑公众对该情形的看法。

## 2.4 保密

对于按照法律、监管要求、IESBA 守则第 140 节、会计师事务所政策及特定客户指令或协议的规定要求予以保密并保护的所有客户信息，全体合伙人和员工都必须予以保护和保密。

执行业务过程中获取的客户信息和任何个人信息仅出于收集信息的目的而使用或披露。

建议只按照会计师事务所接近和保存政策（见 7.5 节）界定的期限保存个人信息和客户信息。应当根据满足职业或法律法规要求所需要的期限，在档案中保留这些记录。

建议会计师事务所制定政策，要求个人信息和客户信息尽可能准确、完整及保持更新。

进一步建议会计师事务所制定政策，允许个人或客户（获得适当授权）根据请求，获知个人信息或特定的类似商业信息的存在、用途及披露，并允许他们接触这些信息（如适用）。

2.4.1 保密——会计师事务所层次

会计师事务所应当履行与隐私规定（如适用）和IESBA守则第140节相关的法律责任、职业责任及受托责任。这些要求可扩展至会计师事务所所在地方，或提供服务所在国家的隐私规定。

会计师事务所可以采用下列方式满足这些要求：

- 委派人员，对在会计师事务所控制之下实施、遵守并强制执行个人信息的保护，以及客户的保密承担最终责任。该人员拥有解决隐私问题和客户保密问题的最终权限。
- 会计师事务所可以通过质量控制手册、其他的会计师事务所记录（如培训资料）及电子形式，传达其政策，提供途径接触与指引、规则和解释相关的信息，以教育全体合伙人和员工注意隐私问题和客户保密要求。

建议会计师事务所的政策要求运用行业标准技术，包括防火墙，硬件，软件，以及数据传输和存储程序，以保存、分类登记和恢复电子信息，防止内部或外部人员未经授权接触或不恰当地使用这些信息（如适用）。

也建议会计师事务所的政策要求保持内部和外部正在处理的文件的复印件及其存储程序和设施，以保护、保存、登记和恢复文件信息，防止内部或外部人员未经授权接触或不恰当地使用这些信息。

会计师事务所可能要求所有人员在受聘时签署保密确认函，并选择将该协议保存在档案里。要求所有人员都非常熟悉会计师事务所有关保密的政策并遵守它。签署会计师事务所的保密协议是确认了解这一规定的证据。为了提醒所有人员注意保密要求，建议会计师事务所至少每年向其获取保密确认函。

附录B提供了保密确认函的样板，会计师事务所可以将其作为模板。

**有益的提示**

会计师事务所能够帮助全体合伙人和员工比较容易地接触促进遵守道德的环境的资源。这些资源可能包括最新版本的IESBA守则①及其他相关资料（如处理道德问题的培训资料）。建议这些资源构成会计师事务所的资源与研究图书馆的一个组成部分。

① 或会员团体的道德规范。

# 案例研究——道德要求

参见本指南对案例研究的介绍，了解本案例的细节。

**M. M. & Associates**

Marcel 有责任制定政策和程序，以合理保证会计师事务所及其人员遵守相关道德要求。不过当 Deborah 试图与之讨论自己对审计 Marcel 嫂子在其中占有部分权益的实体所存的顾虑时，他很快忽略了这个问题。看起来会计师事务所没有道德教育（包括独立性和利益冲突问题）方案。我们不知道会计师事务所是否针对每笔业务系统考虑了这些问题。

Marcel 识别和评价了可能对独立性产生不利影响的情形和关系，并采取了适当步骤消除该不利影响或通过采取必要防范措施将其降至可接受的水平了吗?

想想为 Magnificent Dollar 商店执行的审计业务。你能够识别出什么问题? 你认为在针对当地政府机构、养老院或当地餐馆执行的审计业务中，可能产生什么样的不利影响?

Marcel 好像不满足 ISQC1. 20 -. 25 的规定。

Marcel 能够如先前建议的那样，通过编制质量控制手册并对员工进行这方面的教育，加强对 ISQC1 和 IESBA 守则提出的道德要求的遵守。

Marcel 应当获取最新版本的《国际质量控制、审计、审阅、其他鉴证及相关服务公告手册》（该手册将提供最新道德公告的细节），同时应当在会计师事务所政策和程序中采用这些要求。

进一步说，作为接受与保持客户程序的一部分，他需要增加对独立性的评价，包括识别对独立性的不利影响并采取恰当的防范措施。这涉及运用某些手段（如附录 A 中包括的合伙人和员工的独立性确认函），以便会计师事务所能够满足每年向所有会计师事务所人员获取其对独立性政策和程序遵守情况的书面确认函这一要求。

# 第3章　客户关系和具体业务的接受与保持

| 本章目的 | 主要参考资料 |
| --- | --- |
| 旨在为建立适当的接受与保持政策和程序提供指引。 | ISQC1.26－.28 |

## 3.1　概要

ISQC1. 26－.28 规定：

26. 会计师事务所应当制定有关客户关系和具体业务接受与保持的政策和程序，以合理保证只有在下列情况下，才能接受或保持客户关系和具体业务：
    （1）能够胜任该项业务，并具有执行业务的素质、时间和资源；（参见：第 A18，A23 段）
    （2）能够遵守相关职业道德要求；
    （3）已考虑客户的诚信，没有信息表明客户缺乏诚信。（参见：第 A19－A20，A23 段）
27. 这些政策和程序应当要求：
    （1）在接受新客户的业务前，或决定是否保持现有业务及考虑接受现有客户的新业务时，会计师事务所根据具体情况获取必要信息；（参见：第 A21，A23 段）
    （2）在接受新客户或现有客户的新业务时，如果识别出潜在的利益冲突，会计师事务所确定接受该业务是否适当；
    （3）当识别出问题而又决定接受或保持客户关系或具体业务时，会计师事务所记录问题如何得到解决。
28. 如果会计师事务所在接受业务后获知某项信息，而该信息若在接受业务前获知，可能导致会计师事务所拒绝该项业务，会计师事务所应当针对这种情况制定保持具体业务和客户关系的政策和程序。这些政策和程序应当包括考虑：

## 3.1 概要（续）

（1）适用于这种情况的职业责任和法律责任，包括是否要求会计师事务所向委托人报告或在某些情况下向监管机构报告；

（2）解除业务约定，或同时解除业务约定和客户关系的可能性。（参见：第A22 - A23段）

## 3.2 接受与保持

在接受新客户或保持现有的问题客户时作出错误的决策对任何会计师事务所都能够产生负面影响，对于中小会计师事务所来说更是如此。这些客户可能影响会计师事务所为更高效的客户提供正确服务的能力，还可能影响会计师事务所整体的增长潜力。

因此，只有项目合伙人在复核的基础上确定下列事项后，会计师事务所及其合伙人和员工才应当接受新业务或保持现有业务和客户关系：

- 已考虑客户的诚信，没有信息表明客户缺乏诚信；
- 会计师事务所和项目组拥有必要的素质，包括完成业务所需的资源和时间；
- 会计师事务所及其合伙人和员工能够遵守相关道德要求，包括按照IESBA守则第290节和第291节的规定，与客户保持独立；
- 会计师事务所的质量控制要求能够并已得到满足。

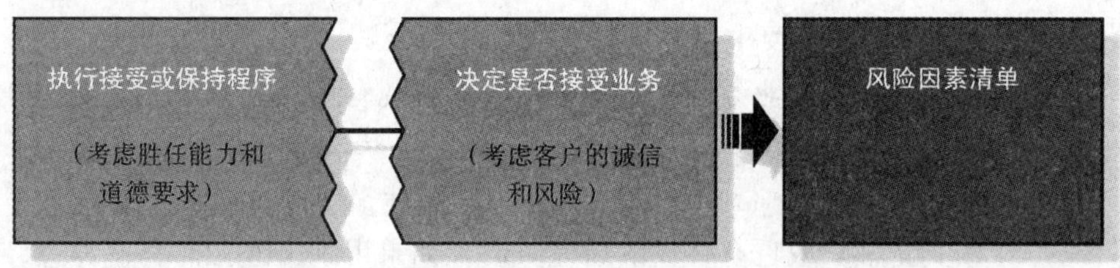


### 3.2.1 接受与保持——会计师事务所层次

会计师事务所应当制定政策和程序，以合理保证识别和评估与客户关系或特定业务相关的潜在风险来源。

为了实现这一过程，并为决策制定的一贯性创造环境，建议会计师事务所制定或使用可接受的行业标准核对表或问卷调查模板，以确信在作出接受与保持决策时进行一贯的运用。这些模板将包括在会计师事务所标准业务工作底稿数据包的计划部分（包括计划核对表、客户概况和风险考虑）。会计师事务所人员在执行所有业务时都要完成这些模板，档案的复核人员将复核这些模板作为复核过程的一部分。

对于每项持续进行的业务，建议复核已记录的客户保持情况，并在上期业务和对持续业务进行计划的基础上，确定继续为该客户提供服务是否恰当。在作出保持业务的决策时，会计师事务所可能考虑本期或前期业务中已出现的重大事项以及这些事项对客户关系的影响。复核过程也应当包括考虑任何轮换要求。

会计师事务所应当对作出的决策及如何解决识别出的问题进行记录。建议由项目合伙人批准并签署接受或保持业务的决策。

如果在完成业务的接受和计划阶段后，识别出与客户或业务相关的特别风险，应当与会计师事务所内部对批准新客户或保持现有客户承担责任的适当人员讨论该事项。建议应当有正式的批准程序，会计师事务所应当记录问题如何得到解决。如果涉及与道德相关的事项，建议会计师事务所内部对道德问题承担责任的人员也要对此进行批准。

对于规模较小的会计师事务所，单个合伙人可能同时对客户接受和道德问题承担责任，会计师事务所可以采用一种政策，要求第二合伙人批准接受风险较高的客户（道德、独立性、利益冲突、客户对 IFRSs 的遵守以及按照 ISAs 的规定需要客户合作的事项等等）。

**有益的提示**

当评估与业务相关的潜在风险，确定会计师事务所能否有效应对风险时，应当考虑：

- 合伙人和员工是否或能否合理拥有执行业务所需的足够的胜任能力（这包括了解行业状况和业务对象，熟悉法律法规或报告要求）；
- 能够聘请到所需的任何专家；
- 能否找到可以安排去执行项目质量控制复核的人员（如需要）；
- 计划使用另一个审计师或会计师的工作（包括必要时与会计师事务所的其他办事处或网络事务所合作）；
- 在提交业务报告的最后期限内完成业务的能力；
- 是否存在现实或潜在的利益冲突；
- 是否采取或能够采取防范措施，将识别出的对独立性的不利影响降至可接受的水平；

- （潜在）客户的管理层、治理层以及能够控制或对客户施加重大影响的人员的质量，包括其诚信、胜任能力、商业信誉（包括考虑与客户相关的诉讼或负面新闻）以及现在和过去与会计师事务所合作的经历；
- 那些人员和团体对内部控制环境的态度，以及他们对有关会计准则的偏激或不恰当解释的看法（包括考虑以前出具的非无保留意见报告及其性质）；
- 客户的经营性质，包括其业务和财务健康状况；
- 客户是否施加压力，要求会计师事务所将收费维持在不合理的低水平；
- 会计师事务所是否预计工作范围受到限制；
- 是否存在刑事犯罪活动的迹象；
- 考虑前任会计师事务所所做工作的可靠性，以及前任会计师事务所如何回复与之进行的沟通（这包括了解客户解聘前任会计师事务所的原因）。

如果会计师事务所在接受或保持业务后获知了某项信息，而该信息若在接受或保持业务前获知，可能导致会计师事务所拒绝该项业务，会计师事务所应当考虑是否继续执行该业务，会计师事务所通常还会就其所处状况和备选方案获取法律意见，以确信满足任何职业要求和法律法规要求。

附录C提供的指引有助于会计师事务所实施客户接受和保持程序，该指引可用于会计师事务所制定政策和程序。

## 3.3 新客户申请提议

在签发客户申请提议之前，会计师事务所应当评价新客户并实施经过授权的批准程序。

对于每一个新客户，会计师事务所必须实施复核程序，建议在会计师事务所接受业务之前，对复核过程（包括评估与客户相关的风险）进行记录。

建议会计师事务所在决定是否考虑新客户申请提议时，询问某些人员或第三方。这可能包括与跟客户有业务往来的金融机构交谈，向客户的法律顾问及同行业的其他经营者咨询（这些行动要受会计师事务所所在国家或地区隐私法和保密要求的约束）。会计师事务所也可能搜索客户的背景信息，如利用容易获取的在线信息等。

一旦决定接受新客户，会计师事务所应当满足相关道德要求（如在会员团体道德规范有要求的情况下，与前任会计师事务所进行沟通），并准备业务约定书要求新客户签署。

## 3.4 辞聘客户关系

如果认为有必要解除业务约定，会计师事务所应当遵守既定程序。这个程序通常包括：

- 考虑职业要求、法律法规的要求以及随之必须采取的任何强制性报告行动；
- 与客户管理层和治理层讨论导致会计师事务所解除业务约定的事实和情况；
- 记录导致解除业务约定的重大事项，包括咨询的结果、得出的结论和得出结论的依据。

## 案例研究——接受与保持

参见本指南对案例研究的介绍，了解本案例的细节。

**M. M. & Associates**

Marcel 应当为接受与保持客户关系制定政策和程序。这样做有助于会计师事务所确定现有员工是否拥有执行业务所需的必要胜任能力。此外，会计师事务所在开始执行每项业务前，都必须正式考虑客户的诚信。

M. M. &Associates 看起来没有这些政策和程序。一个证据就是 Marcel 企图在只有四名员工且没有一名员工是职业会计师的情况下，寻求对上市实体进行审计。另一个证据则是会计师事务所最近接受了信誉存在疑虑的客户。

Marcel 可能将重心更多地放在收费增长方面，而不是制定有效的程序使会计师事务所人员在接近每一个新的潜在客户时能够一贯采用该程序。这能够导致会计师事务所执行更具风险的业务，这些业务由收费的规模而非对职业准则的遵守驱动。

Marcel 还有工作要做，才能满足 ISQC1. 26 -. 28 的要求。

他的质量控制手册可以说明这一政策，即通过询问推荐人和社区的其他人，以及进行网页搜索，调查提出申请的新客户。员工配备问题、胜任能力和独立性应当得到系统处理，并包括在接受与保持的问卷调查表或核对表中。

# 第 4 章　人力资源

| 本章目的 | 主要参考资料 |
| --- | --- |
| 旨在为有效的质量控制政策和程序中的人力资源要素提供指引。 | ISQC1. 29 – . 31 |

## 4.1　概要

ISQC1. 29 规定：

29. 会计师事务所应当制定政策和程序，合理保证拥有足够的具有胜任能力和必要素质并承诺遵守道德原则的人员，以：

（1）按照职业准则和适用的法律法规的规定执行业务；

（2）使会计师事务所或项目合伙人能够出具适合具体情况的报告。（参见：第 A24 – A29 段）

会计师事务所的财富与其雇佣的专业人员或提供服务的人员的数量和质量紧密相关。通常认为会计师事务所的成功与其对人员的管理直接相关。

建议会计师事务所委派人员对全部人力资源职能承担责任。在规模更小的会计师事务所，这些职能可能涉及更少、更简单的程序。例如，在进行业绩评价时，不采用更长时间、更正式的业绩评估，评价过程可能包括由复核人员和员工签署日期和姓名的备忘录。

**有益的提示**

下列职能可能被分派给对人力资源承担责任的人员：

- 维护人力资源政策；
- 识别劳动法和相关法规导致的政策变化，保持市场竞争力；
- 为有关人力资源的事项提供指引和咨询；

- 保持业绩评价鉴定制度；
- 如果需要，根据具体情况提出适当的特定行动或程序的建议（例如，惩戒、招聘等）；
- 规划适合的职业发展；
- 保持人事档案（包括每年的独立性确认函、保密确认函和持续职业发展报告）；
- 制定并发放入职培训资料。

## 4.2 招聘和留住人才

会计师事务所有必要将对其专业服务要求的评估常规化，以确信具备满足客户需求所需的必要素质和胜任能力。建议会计师事务所考虑下列事项：

- 对每个年度的业务需求进行详细预期，以识别业务需求的高峰期和可能发生的资源短缺；
- 遵循标准的工作面试程序，包括对该过程进行记录；
- 保持对初级、中级和高级人员资格要求的标准，并在招聘过程中向应聘者解释会计师事务所对这些资格要求的期望。

会计师事务所可能考虑编制入职资料，并要求所有新进人员在应聘进所后根据实际情况，尽早参加入职研讨班。入职资料通常包括会计师事务所的整套政策和程序，人事政策和奖金手册，含有会计师事务所表格和模板（如果无法提供电子版）的会计和鉴证手册，培训项目的细节（如适用）以及会计师事务所的所有其他特定信息。

会计师事务所也可能考虑为所有新进人员确定试用期（例如，自聘用之日起三到六个月），同时根据完成业务的情况进行业绩考核。在此期间，会计师事务所将对新员工进行密切的监督并提供反馈意见。

为会计师事务所人员提供职业发展的机会将增强会计师事务所留住优秀专业人员的能力，这反过来又能支持会计师事务所持续增长。

会计师事务所定期复核招聘方案的有效性并对现有资源需求进行评估，以识别是否有必要对招聘方案进行修订，这样做是比较可取的。

## 有益的提示

会计师事务所在寻找候选应聘人员时可能考虑的事项包括：

- 验证学术证明和职业证书，核查推荐信；
- 及时明晰候选人简历的缺陷；
- 考虑信用和刑事犯罪记录检查；
- 向候选人明确会计师事务所的要求，并要他们每年以书面形式对此进行说明，针对每项鉴证业务，还要求他们说明是否保持独立且不存在利益冲突；
- 告知候选人，他们需要签署与了解并遵守会计师事务所保密政策相关的确认函。

附录B提供了保密确认函的样板，会计师事务所可以将其作为模板。

与规模更大的竞争对手相比，规模较小的会计师事务所面临的挑战也许更大，因为他们在竞争这些有限的资源时，通常被认为只有更少的员工晋升机会及更低的工资和奖金。考虑到这些挑战，对小规模会计师事务所而言，计划其资源需求（从而应对员工资源枯竭的风险）显得更加重要。为会计师事务所建立恰当的薪酬变动制度时，考虑员工被竞争者挖走的成本比较有用。

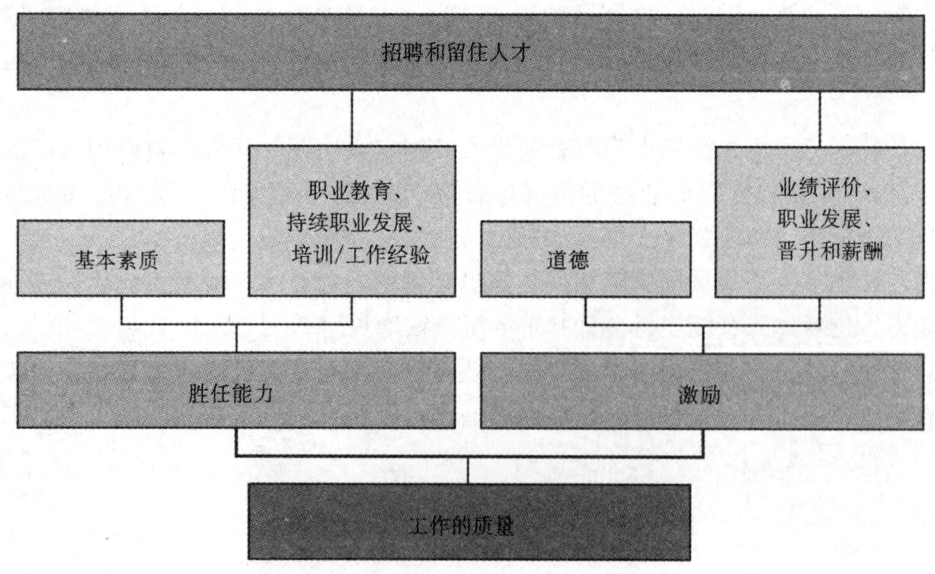

## 4.3 持续职业发展

IAESB 发布的国际教育准则（IES）第 7 号“持续职业发展：对专业胜任能力的终生学习和继续发展”规定，IFAC 会员团体应当实施持续职业发展（CPD）要求，将其作为职业会计师继续拥有会员资格的综合构成要素。IES 第 8 号“审计专业人员的胜任能力要求”为审计专业人员规定了胜任能力要求，IFAC 的会员团体需要制定政策和程序，使其成员满足这些要求。在不同的国家或地区，会员团体或监管机构可能对持续职业发展提出特殊的要求。

值得考虑的一个提议就是由会计师事务所内部对人力资源承担责任的人员批准参加外部职业发展课程。

建议合伙人和员工负责保持他们自己的职业发展记录（适用时，遵守会计师事务所的指引）。会计师事务所内部对人力资源承担责任的人员可能每年选择每个合伙人或员工的记录进行复核，以确信培训和持续职业发展要求得到了执行，如必要，确定应对任何不足之处的恰当行动。

## 4.4 项目组的委派

ISQC1. 30 –. 31 规定：

30. 会计师事务所应当对每项业务委派一名项目合伙人，并应当制定政策和程序，明确下列要求：
    （1）将项目合伙人的身份和作用告知客户管理层和治理层的关键成员；
    （2）项目合伙人具有履行职责所需求的适当胜任能力、必要素质和权限；
    （3）清楚界定项目合伙人的职责，并告知该项目合伙人。（参见：第 A30 段）
31. 会计师事务所还应当制定政策和程序，委派具有必要胜任能力和素质的适当人员，以：
    （1）按照职业准则和适用的法律法规的规定执行业务；
    （2）使会计师事务所或项目合伙人能够出具适合具体情况的报告。（参见：第 A31 段）

通过其政策和程序，会计师事务所能够确信对每项业务委派恰当的合伙人和员工（从单个看和整体看）。首要的是，项目合伙人计划项目组的委派（ISA220. 14）。项目合伙人还负责确信受派的个人和项目组整体拥有按照职业准则和会计师事务所质量控制制度执行业务所需的必要胜任能力。

在小规模会计师事务所，这种业务委派可能通过合伙人之间简单讨论未来的工作计划而得以完成。

会计师事务所负责确信对每项业务委派的项目合伙人拥有必要的胜任能力和足够的时间，履行按照职业准则和适用法律法规要求执行业务的总体责任。

项目合伙人也可能计划初级人员和高级人员之间的辅导机会，以引导经验较少人员的发展。

在确定对业务委派恰当人员时，需要特别关注这些人员的技术知识、资格及经验。与客户的持续合作及轮换要求之间的平衡也需要予以考虑。

应当将项目合伙人的身份和作用告知客户的管理层和治理层。

**有益的提示**

在评估某个人员对特定业务拥有的胜任能力时，项目合伙人或管理合伙人将考虑该人员的下列方面：

- 对业务的了解，以及执行这些业务的经验和培训经历；
- 对适用于该业务的职业准则和法律法规要求的了解；
- 会计技术知识和专业知识；
- 对客户经营性质和特定行业（适当时）的了解；
- 运用职业判断的能力和专业知识；
- 对会计师事务所质量控制制度的了解。

并非项目组内部的所有人员都必须在上述领域拥有很高的资格。拥有较低资格的那些人将承担较少的责任，同时由经验较多的员工对他们提供更多的监督。

附录 D 可用于支持会计师事务所制定政策和程序，以帮助其完成对业务委派人员的过程（包括建议的计划步骤）。

## 4.5 对质量控制政策的强制执行（惩戒）

会计师事务所质量控制制度所要求的不仅是有效的监控，强制执行程序很重要，包括对违规行为、漠视、缺乏应有的关注、滥用职权和规避等行为的后果及更正程序。

会计师事务所可能委派会计师事务所内部的人员管理惩戒过程。更正行动最好通过协商而非独断的过程予以确定和管理。

后续过程与意见分歧的解决过程类似（见 5.5 节）。建议该过程包括会计师事务所内部对人力资源承担责任的人员进行及时记录。

包罗万象的规则和程序不能完全应对惩戒问题和拟采取的惩戒行动的类型。因此，会计师事务所的政策只能够制定有助于处理重大惩戒问题的一般原则和协议。

建议在寻求及时解决问题时，处理惩戒问题的过程应当保持客观、尽责、开放和合理。不过，会计师事务所必须捍卫其管理风险的职责，坚守独立性职业责任，避免利益冲突，以专业胜任能力和应有的关注行事。自然地，确定惩戒事项的进程在某种程度上取决于会计师事务所所在国家或地区的劳动法。

不能容忍严重、有意、重复地违反或漠视会计师事务所政策和职业规定的行为。必须采取恰当的步骤更正违规合伙人或员工的行为，或终止其与会计师事务所的关系。

**有益的提示**

采取的更正行动取决于具体情况。这些行动可能包括但不限于：

- 与涉及的人员面谈，以明确事实并讨论违规原因和解决办法；
- 提供建议或指导；
- 进行后续面谈，以确信遵守情况得到改进，或提醒涉及的员工如不改正，将采取更严厉的更正行动，以保护客户和会计师事务所的利益，如：
  - 申斥（口头或书面）；
  - 强制要求完成界定的持续职业发展；
  - 在人事档案中留下相关书面记录；
  - 停职；
  - 解聘；
  - 向职业协会的惩戒委员会提交正式的通知。

## 4.6 奖励守规行为

通过对守规行为、领导、革新、培训、发展和协作（包括个人对质量控制、道德和诚信的参与和贡献）进行正面强化和认可，对会计师事务所致力于实现强有效的质量控制制度这一目标予以强化，这样做很重要。

使用业绩鉴定是其中一种方法，会计师事务所可以鼓励其人员持续职业发展，强化好的行为和业绩，提供获取建设性批评意见的机会。建议这些鉴定不仅考虑各种业务的业绩，还应包含向各监督者（高级员工和合伙人）获取的反馈意见，直至获取客户给出的评论。这些特征可与技术知识、分析和判断技巧、沟通能力（包括口头和书面）、领导才能及培训技巧一并考虑。

建议在对单个合伙人和员工持续进行专项评估和总体评估以及定期计划的人事考核过程中，考虑和处理这些人员对会计师事务所质量控制政策的遵守情况。

值得考虑的一个提议就是，在全面评估工作业绩和确定薪酬水平、奖金、晋升、职业发展及在会计师事务所内部的地位时，给上述特征值赋以恰当的权重。在这些权重值中，应当突出考虑质量。

定期执行的业绩鉴定通常包括会计师事务所政策规定的表格和内容。这通常包括对人员培训、发展需求、目标设定、职业发展和晋升机会以及薪酬的评价。

## 案例研究——人力资源

参见本指南对案例研究的介绍，了解本案例的细节。

**M. M. & Associates**

Marcel 的会计师事务所未来成功与否很大程度上取决于他今天作出的与人力资源有关的决策。Marcel 在实务中能够好好利用有经验的职业会计师的服务，以处理需要他关注的人力资源问题。

第一个问题与会计师事务所招聘和留住人才的过程有关。没有程序帮助 Marcel 选择拥有必要胜任能力的人员，在选择候选人时也没有恰当考虑诚信因素。Marcel 能够向专业招聘机构获取帮助，或者联系他的职业协会以确定是否可以获得招聘服务。

会计师事务所应当制定标准化程序，Marcel 在面试应聘者时能够利用这些程序。这将帮助他获取需要的信息，作出知情决策。此外，与确认候选人资格和检查推荐信相关的政策也很重要。

案例并未提及 Marcel 知悉任何持续职业发展要求。尽管这可能不是与现有员工相关的法律问题，它是对 Marcel 提出的要求，也是 Deborah 和其他员工的实际需要。此外，Marcel 既没有通过辅导和培训指导他的员工，又没有培养经验较少员工需要的技巧（可通过增加产出获取回报）。

我们不清楚是否有人对向特定项目组分派任务，或对特定项目组需要的技巧承担系统责任。看起来好像有一种职能考虑人员可工作的时间，这只是在进行人员委派决策时应当考虑的几个因素之一。更重要的是，没有证据表明会计师事务所进行了恰当地计划、监督（多数员工都十分欠缺经验，会计师事务所期望他们自行处理，没有提供咨询的机会）或复核。至于 Deborah，我们发现她在复核自己的工作。

没有正式的业绩评价过程。自然地，随之而来的就是很少有对员工职业发展的规划，也没有为业绩改进提供辅导。对Bob而言，这一点尤为重要，从他在底稿编制上的疏忽可以看出，他需要获得底稿编制方面的更正建议和指引。

Marcel需要认识到，在人事方面进行适当投资，甚至可能考虑聘请更有经验的指定人员将带来好处，可以提高会计师事务所为现有客户服务的能力，也可以增加对新客户的吸引力。

Marcel可能获得很好的建议，将整个人力资源职能外包，或向有资格的员工寻求帮助。会计师事务所应当针对招聘、培训、评价、薪酬（包括奖励高质量的工作）、有效的业务监督制定政策，包括为这些政策的执行情况提供证据的程序。

这些步骤将使Marcel能够满足ISQC1.29-.31的要求。

# 第5章　业务执行

| 本章目的 | 主要参考资料 |
| --- | --- |
| 旨在为涉及业务执行的要素提供指引，尤其是项目合伙人的作用、计划、监督、复核、咨询、意见分歧的解决，以及项目质量控制复核的实施。 | ISQC1.32－.41，ISQC1.43－.44 |

## 5.1　概要

ISQC1.32－.33规定：

32. 会计师事务所应当制定政策和程序，以合理保证按照职业准则和适用的法律法规的规定执行业务，使会计师事务所或项目合伙人能够出具适合具体情况的报告。这些政策和程序应当包括：

    （1）与促进业务执行质量一致性相关的事项；（参见：第A32－A33段）

    （2）监督责任；（参见：第A34段）

    （3）复核责任。（参见：第A35段）

33. 会计师事务所应当在由项目组内经验较多人员复核经验较少人员的工作这一原则，确定有关复核责任的政策和程序。

通过制定的质量控制政策和程序，会计师事务所要求按照职业准则和适用的法律法规的要求执行业务。

会计师事务所的总体制度旨在合理保证会计师事务所及其合伙人和员工能够恰当、正确地计划、监督和复核业务，并出具适合具体情况的业务报告。

**有益的提示**

为了便于合伙人和员工按照职业准则和法律法规的要求一贯地执行业务，会计师事务所可以提供并保持：

- 会计师事务所的手册或标准化业务模板和程序；
- 标准化的沟通和回复模板；
- 研究工具和参考资料；
- 指引、培训、教育政策和方案，包括对遵守职业发展要求的支持。

执行任何业务时，项目合伙人和员工应当：

- 遵循并坚持会计师事务所的计划、监督和复核政策；
- 使用（适当时可改编）会计师事务所的模板编制档案、记录和往来函件，以及软件、研究工具和与业务相关的适当签发程序；
- 遵循并坚持执业及会计师事务所的道德政策；
- 按照职业和会计师事务所的标准，以应有的关注执行工作；
- 充分、适当地记录他们的工作、分析、咨询及得出的结论；
- 保持客观和恰当独立的原则，及时、有效地完成工作，并有组织、系统、完整、清楚地记录他们的工作；
- 确信所有的工作底稿、文件记录和备忘录以及就疑难问题或争议事项进行的适当咨询都得以生成、恰当地交叉索引并签署日期；
- 确信明确制定并记录恰当的客户沟通、声明、复核及责任；
- 确信业务报告反映了已执行的工作和预期目的，并在外勤工作结束后迅速出具。

《运用国际审计准则执行中小企业审计指南》（ISA 指南）第 1 卷图 4. 2 – 1 包含了一个示意图，说明了 ISQC1 的要素（会计师事务所层次）与 ISA220 的要素（业务层次）之间的关系。阅读这个资料能够加强对各准则要求及其相互关系的理解。

## 5. 2 项目合伙人的作用

项目合伙人负责签署业务报告。作为项目组的领导者，项目合伙人对下列方面承担责任：

- 受会计师事务所委派执行的每项业务的整体质量；
- 对与客户保持独立要求的遵守情况形成结论，同时，获取为识别对独立性产生的不利影响而需要的信息，采取行动消除该不利影响或采取适当的防范措施将其降至可接受的水平，确信完成了恰当的记录；

- 确信已遵守有关客户关系接受与保持的适当程序，得出的相关结论是适当的并已得到记录（涉及审计业务时，ISA220. 12）；
- 某项信息若在接受业务前获知，可能导致会计师事务所拒绝该项业务，将获取的该信息立即告知会计师事务所，以便会计师事务所和项目合伙人能够采取必要的行动（涉及审计业务时，ISA220. 13）；
- 确信项目组整体上具备按照职业准则和法律法规的要求执行业务的适当胜任能力和素质（涉及审计业务时，ISA220. 14）；
- 按照职业准则和适用的法律法规的要求监督或执行业务，确信出具的报告适合具体情况（涉及审计业务时，ISA220. 15）；
- 将自己作为项目合伙人的身份和作用告知客户管理层和治理层的关键成员；
- 通过复核底稿及与项目组进行讨论，确信已获取适当的证据，作为得出结论和出具报告的基础（涉及审计业务时，ISA220. 16 -. 17）；
- 通过就疑难问题或争议事项进行适当的咨询（内部和外部），承担对项目组的责任（涉及审计业务时，ISA220. 18）；
- 确定按照职业准则和会计师事务所的政策，何时应当实施项目质量控制复核；与项目质量控制复核人员讨论执行业务过程中出现的以及在实施项目质量控制复核时识别的重大事项；只有完成复核，才能签署报告（涉及审计业务时，ISA220. 19）。

## 5.3 计划、监督和复核

必须按照职业准则和会计师事务所的标准，对会计师事务所执行的所有业务进行适当计划、监督和复核。无论委派何人执行必要工作以出具报告，项目合伙人都要对业务及其执行承担责任。

对于规模较小的业务，项目组的规模可能很小（例如，个人会计师事务所可能在项目合伙人之外，仅有一个项目组成员）。这样的规模使得计划十分简单。例如，制定总体审计策略不需要很复杂或耗时，它将随着客户规模和复杂程度的变化而变化。在这种情况下，依据上期审计结论，以底稿复核突出强调的审计过程中识别的问题为基础，在与管理层讨论后根据本期具体情况进行更新，可以编制一个简短的备忘录，作为记录的审计策略的基础。

### 5.3.1 计划

计划为业务提供指导，因为：

- 它告知项目组其作用、责任、目标以及与业务相关的重要事项；

- 它概述了监督和复核责任以及与业务特别相关的其他质量控制程序。

对于审计业务而言，计划尤其重要，因为：

- 它包括制定总体审计策略，编制执行业务的详细审计方法；
- 它允许选择适当的审计程序，应对评估的重大错报风险，这可以通过为验证管理层的认定而设计和实施恰当的风险应对程序完成。

最好的做法是在项目组开始外勤工作之前，早早地进行计划，以确信：

- 对接受与保持复核过程中识别出的所有重大问题进行了恰当地处理；
- 挑选来执行业务的合伙人和员工是可获得、做好了时间安排、分派到位的；
- 拥有培训、商业知识和对业务的必要研究；
- 考虑了涉及的第三方、专家的工作以及其他服务的提供者，且他们的服务都是有保障的；
- 恰当处理了独立性或利益冲突问题，或者如果有问题存在，客户有足够的时间寻求替代服务；
- 已向项目组做了简要说明，使其易于理解每个项目组成员各自的目标。

### 5.3.2 监督

各个责任层次都有监督职能，监督与计划和复核密切相关。会计师事务所的政策通常要求负有监督职责的那些人员：

- 应对和沟通执行业务过程中出现的重大问题，评估其影响并修改原计划的方法（如必要）；
- 监控业务进程，包括在业务的不同要素上所花费时间的效率和效果；
- 就复杂的问题、判断、估计和解释提供或安排帮助或必要的专业知识；
- 识别和沟通执行业务过程中需要进一步咨询或考虑的其他事项。

在执行业务的过程中，监督人员处于最佳位置，能够综合累积的信息，并评估是否需要改变或扩展计划，以获取足够的证据，从而确信出具的报告适合具体情况。

### 5.3.3 复核

建议合伙人和员工执行的工作应当按照与业务性质相关的会计师事务所政策进行复核。实施详细复核的人员必须拥有足够的能力和经验，并由项目合伙人委派。项目合伙人对项目组工作的复核承担最终责任。会计师事务所的政策还必须要求由级别更高的专业人员及时复核经验较少人员执行的工作。

建议项目合伙人及时对重要的判断领域实施复核，尤其要复核与疑难问题或争议事项、特别风险以及项目合伙人在业务执行过程的适当阶段认为重要的其他领域相关的判断，以使重大问题得到及时解决。项目合伙人不必复核整个底稿，但可以选择这么做。不过，复核必须予以记录，包括复核的范围和时间。要求记录谁实施复核并不意味着每张工作底稿都要包括复核的证据；不过，它的确意味着要记录复核了什么工作，由谁复核，以及何时复核。

使用适合业务层次的标准化业务模板可以使复核最为容易。

档案完成情况复核可能主要包括确认合伙人和员工已经签署了工作底稿和业务传输控制单，表明已完成所要求的复核过程。举行有项目合伙人、项目质量控制复核人员、第二合伙人（如适当）及项目组关键成员参加的最终复核会议可能是一种有效的办法，可以确信所有的参加者已就重要问题达成一致意见，并对业务工作和业务报告的出具感到满意。

## 5.4 咨询

ISQC1.34 规定：

34. 会计师事务所应当制定政策和程序，以合理保证：
    （1）就疑难问题或争议事项进行适当咨询；
    （2）能够获取充分的资源进行适当咨询；
    （3）咨询的性质和范围以及咨询得出的结论得以记录，并经过咨询者和被咨询者的认可；
    （4）咨询形成的结论得到执行。（参见：第 A36 - A40 段）

建议会计师事务所鼓励项目组之间以及向会计师事务所内部其他人员和外部人员（经过授权）进行咨询。内部咨询利用会计师事务所的整体经验和技术专长（或会计师事务所可获得的），以降低出错的风险，提高执行业务的质量。咨询氛围可以改进合伙人或员工的学习与发展过程，增强会计师事务所的整体知识基础、质量控制制度和职业素质。

针对计划阶段或整个业务执行阶段识别的重大问题、疑难问题或争议事项，建议项目合伙人向拥有适当经验、知识、胜任能力和权限的人员进行咨询。这也许包括向会计师事务所其他合伙人、员工或适当的外部人员（如必要）进行咨询。会计师事务所内部的所有专业人员应当乐于就处理这些问题并据此得出结论互相提供帮助。

建议会计师事务所确信能够获得拥有足够技巧的人员、财务资源及信息资源，以进行适当的内部或外部咨询。如果无法获得内部资源，其他资源可能包括与本会计师事务所有联盟关系的其他会计师事务所、专业会员团体、监管机构，或者提供咨询服务的会计师事务所。

如果进行内部咨询且问题重大，项目组应当记录咨询及其结果。如果需要进行外部咨询并获得项目合伙人授权，项目组也应当记录这种情况。建议充分记录外部被咨询者的意见或职务，以便底稿的阅读者能够了解咨询性质的全部内容、外部被咨询者的资格和相关胜任能力，以及推荐的行动过程。

建议向外部被咨询者提供所有相关事实，使其能够对咨询事项提出有见地的意见，这一点也是必要的。在寻求咨询建议时，为了得到特别想要的结果而隐瞒事实或控制信息流是不适当的。外部被咨询者通常与客户保持独立，不存在利益冲突，保持高度的客观性。

如果没有实施咨询建议，或该建议与结论大不相同，建议项目合伙人提供记录的理由和考虑的替代方法，以及咨询记录（或给出交叉索引）。

如果不只完成了一项咨询，建议在工作底稿中增加对总体讨论和所提供不同意见或方案的概述，同时要记录最终采用的意见以及采用的理由。

对于所有外部咨询，隐私权（如适用）和客户的保密要求必须得到遵守。可能有必要就与道德、职业行为或法律法规事项相关的这些或其他问题寻求法律意见。

### 有益的提示

合伙人和员工可能接到指令，需要与会计师事务所内部（适当时也包括外部）有资格的专业人员进行咨询的建议事项包括：

- 可能的持续经营问题；
- 怀疑的或发现的舞弊或其他违规行为；
- 对管理层诚信产生的疑问；
- 当年需要出具保留意见的报告；
- 计划重述以前年度的财务报表；
- 第三方针对客户和会计师事务所提出的重大索赔；
- 重大、复杂或新的会计或审计处理；
- 行业或行业分部遇到的麻烦；
- 关键管理层成员的变动；
- 环境风险导致的会计或审计问题；
- 客户经营的重大重组；
- 成为上市实体的计划。

附录 E 有助于咨询程序，可以支持会计师事务所制定政策和程序。

## 5.5 意见分歧

> ISQC1.43－.44 规定：
> 43. 会计师事务所应当制定政策和程序，以处理和解决项目组内部、项目组与被咨询者之间以及适用时，项目合伙人与项目质量控制复核人员之间的意见分歧。（参见：第 A52－A53 段）
> 44. 这些政策和程序应当要求：
> （1）得出的结论已得到记录和执行；
> （2）只有问题得到解决，才能签署报告。

没有规定和程序能够事先很容易地完全解决争论。会计师事务所的政策只能制定需要遵循的总体步骤，帮助处理重大争论或意见分歧。

建议会计师事务所及其合伙人和员工按照会计师事务所和职业标准，采取必要步骤，充分识别、考虑、记录和解决多种情况下可能出现的意见分歧。实务中最常见的情况包括：

- 有关解释和运用 IFRSs 及 ISAs 的意见分歧；
- 有关道德问题或 IESBA 守则[①]要求的意见分歧；
- 对某项或某系列交易的经济实质，或工作底稿记录要求的详细程度有不一致意见；
- 业务执行过程和质量控制复核过程产生的意见分歧；
- 会计师事务所实务、政策和结构发生变化及拒绝发生变化；
- 有关业务执行人员适当性和胜任能力的意见分歧。

在帮助更加容易地及时、非对抗性地解决争论或意见分歧时，全体合伙人和员工努力做到客观、尽责、开放和理性，这是比较理想的。

建议发生争论或意见分歧的当事人通过与其他人讨论、研究和咨询，尝试用及时、专业、尊重和礼貌的方式解决问题。

如果问题不能得到解决，或者不确定应当采取何种行动，当事人通常会将问题提交更高级别的项目组成员或项目合伙人。

建议如果问题涉及会计师事务所内部职业监管或实务管理的特殊领域，应当将该问题提交负责该领域的合伙人（由项目合伙人提交更好）。项目合伙人或负责该特殊领域的合伙人将咨询当事人，考虑问题并决定如何解决。建议合伙人将决定和

① 或会员团体的道德规范。

作出决定的理由告知当事人。

如果仍有争论或意见分歧，或者一个或多个当事人对决定不满意，当事人可以考虑该事项是否需要引起质量控制关注，或有足够影响，有必要提交会计师事务所内部的最高权力层。

建议会计师事务所制定政策，保护所有合伙人和员工不会因为本着善意和将社会公众、客户、会计师事务所或合作者的真正利益放在心上，提醒大家注意合法的、重大的问题后，遭到任何形式的报复、职业限制或惩罚。

提及超出项目组或项目合伙人层次的事项是严肃的，千万不能因为该事项可能需要合伙人耗费大量时间处理而将之最小化，合伙人和员工能了解到这一点很重要。该事项能够以口头形式（如果该事项非常敏感或需要保密，尽管实务中不鼓励口头提及某事项）或书面形式提及。在任何情形下，执行业务过程中进行咨询的性质、范围及由此得出的结论都应当得到记录。如果该事项被认为重大、有价值，建议被提交方考虑该事项，考虑向其他合伙人咨询并将会计师事务所的决定告知当事人。

如果某人仍然对事项的解决感到不满意，又无法从会计师事务所内部获得进一步的求助对象，该人员需要考虑事项的重要程度，以及他的职业责任和职务或与会计师事务所的继续聘用关系。

对于涉及鉴证业务的任何问题，会计师事务所应当采用与咨询相同的方式记录争论或意见分歧。在任何情况下，只有问题得到解决，才能签署报告。

建议书面合伙关系协议明确解决分歧的办法，如果难以友好地解决分歧，可以遵循解除合伙关系的政策。

## 有益的提示

建议的政策可能制定下列步骤处理意见分歧：

- 考虑所有相关事实及产生意见分歧的原因；
- 考虑所有可获得的研究资料；
- 考虑会计师事务所内部高级合伙人和员工的看法；
- 在当事人之间进行调停，确定他们是否能够取得一致意见。

## 5.6 项目质量控制复核（EQCR）

ISQC1.35－.41 规定：

35. 会计师事务所应当制定政策和程序，要求对适当业务实施项目质量控制复核，以客观评价项目组作出的重大判断以及在编制报告时得出的结论。这些政策和程序应当：
   （1）要求对所有上市实体财务报表审计实施项目质量控制复核；
   （2）制定标准，据此评价其他的历史财务信息审计和审阅、其他鉴证业务及相关服务业务，以确定是否应当实施项目质量控制复核；（参见：第 A41 段）
   （3）要求对符合（2）段标准的所有业务实施项目质量控制复核。
36. 会计师事务所应当制定政策和程序，以明确项目质量控制复核的性质、时间安排和范围。这些政策和程序应当要求，只有完成了项目质量控制复核，才可以签署业务报告。（参见：第 A42－A43 段）
37. 会计师事务所应当制定政策和程序，要求项目质量控制复核包括：
   （1）与项目合伙人就重大事项进行讨论；
   （2）复核财务报表或其他业务对象信息及拟出具的报告；
   （3）选取与项目组作出重大判断及形成结论有关的工作底稿进行复核；
   （4）评价编制报告时得出的结论，考虑拟出具的报告是否适当。（参见：第 A44 段）
38. 针对上市实体财务报表审计，会计师事务所应当制定政策和程序，要求项目质量控制复核包括对下列事项的考虑：
   （1）项目组就具体业务对会计师事务所独立性作出的评价；
   （2）项目组是否已就涉及意见分歧的事项、其他疑难问题或争议事项进行适当咨询，以及咨询得出的结论；
   （3）用于选取的复核的工作底稿是否反映项目组针对重大判断执行的工作，并支持得出的结论。（参见：第 A45－A46 段）

**项目质量控制复核人员的资格标准**

39. 会计师事务所应当制定与委派项目质量控制复核人员相关的政策和程序，并通过下列途径明确项目质量控制复核人员的资格要求：
   （1）履行职责需要的技术资质，包括必要的经验和权限；（参见：第 A47 段）
   （2）在不损害其客观性的前提下，项目质量控制复核人员能够提供业务咨询的程度。（参见：第 A48 段）

> 40. 会计师事务所应当制定政策和程序，以使项目质量控制复核人员保持客观性。（参见：第 A49 – A51 段）
> 41. 会计师事务所的政策和程序应当规定，在项目质量控制复核人员实施客观复核的能力可能受到损害时，替换该项目质量控制复核人员。

项目质量控制复核旨在于报告日或报告日之前，对项目组作出的重大判断和在准备报告时形成的结论（包括报告是否恰当）提供客观评价。

应当对照会计师事务所制定的标准（见下文）评估所有业务，确定是否应当实施项目质量控制复核（ISQC1. 35，涉及审计业务时，还有 ISA220. 19）。对于新客户关系，在接受业务之前进行评估比较有帮助，对于现有客户，在业务的计划阶段进行评估比较有帮助。

项目合伙人应当解决项目质量控制复核提出的所有问题，且必须对已在签署鉴证业务报告之前完成所有问题的适当讨论和落实感到满意。

对于上市实体财务报表审计和其他需要实施项目质量控制复核的业务，只有完成项目质量控制复核，才能签署报告。也建议将重大的公共部门实体审计纳入会计师事务所项目质量控制复核范围。

## 有益的提示

**要求实施项目质量控制复核的标准**

下面的项目不是 ISQC1 要求的标准，列示出来可供会计师事务所制定政策时考虑。每个会计师事务所将自行决定它自己的项目质量控制复核标准。

如果存在下列情形，可以考虑在签署报告之前完成项目质量控制复核：

- 如果由于项目合伙人与客户存在长期密切的私人关系或密切的商业关系而对独立性产生重大、反复发生的不利影响，该不利影响以前已通过采取其他防范措施降至可接受的水平，实施项目质量控制复核是一套防范措施中的一部分；
- 已识别的涉及项目合伙人的独立性不利影响反复发生且被认为是重大的，而实施项目质量控制复核可以合理地将这些不利影响降至可接受的水平；
- 业务对象与对特定公众或一般公众重要的组织有关；
- 大量消极的股东、等同权益单位持有人、合伙人、共同投资者、受益人或接受并依赖报告的其他类似人员；

- 按照第三章“客户关系和具体业务的接受与保持”的规定，识别出与接受或保持业务相关的特别风险；
- 对客户的持续经营能力存在疑虑，对第三方使用者（管理层除外）有潜在的重大影响；
- 对使用者的重大影响和风险涉及新的、非常复杂的专门化交易，如衍生工具和套期保值、股票薪酬、非常规金融工具，广泛使用对第三方使用者有重大潜在影响的管理层估计和判断；
- 客户是大型私人实体（或相关团体由同一个项目合伙人承担审计责任）；
- 客户支付的总费用占单个合伙人或会计师事务所年度毛收入的比重很大（例如，超过10% ~15%）。

此外，可能还有因素导致业务已经开始后需要实施项目质量控制复核。这些因素可能包括下列情形：

- 在执行业务过程中，业务风险已经增加，如客户成为了收购的焦点；
- 项目组成员之间存在顾虑，认为报告不适合具体情况；
- 识别出新的、重要的财务报表使用者；
- 客户面临业务接受过程中没有出现的重大诉讼；
- 执行业务过程中识别出的已更正和未更正错报的重要程度及处置情况存在问题；
- 与管理层就重大会计问题或审计范围限制存在不一致意见；
- 存在范围限制。

5.6.1　项目质量控制复核的性质、时间安排和范围

在实施项目质量控制复核之前，项目合伙人必须复核工作底稿。这是必要的，因为项目质量控制复核人员必须对项目组作出的重大判断进行客观评价。即使业务满足上文详细说明的标准，实施项目质量控制复核这一决策以及项目质量控制复核的范围将取决于业务的复杂程度和相关风险。项目质量控制复核并不减轻项目合伙人对业务承担的责任。

项目质量控制复核最少包括（ISQC1. 37，涉及审计业务时，还有ISA220. 20）：

- 就重大事项与项目合伙人进行讨论；
- 复核财务报表或其他鉴证对象信息及拟出具的报告；
- 复核选取的与项目组作出重大判断和得出结论相关的业务工作底稿；

- 评价在编制报告时得出的结论，并考虑拟出具报告的恰当性。

建议会计师事务所使用标准化项目质量控制核对表，以完成复核并提供对该复核的恰当记录。

附录F有助于项目质量控制复核，可以支持会计师事务所制定有建议程序的标准化核对表。

对于上市实体（和会计师事务所政策中包括的其他组织），项目质量控制复核还应当考虑（ISQC1.38）：

- 项目组对与特定业务相关的会计师事务所独立性作出的评价；
- 是否已就意见分歧或其他疑难问题或争议事项进行恰当的咨询，以及咨询得出的结论；
- 选取用于复核的工作底稿是否反映了已执行的、与作出重大判断相关的工作并支持得出的结论。

建议对项目质量控制复核承担责任的人员较早参与业务过程，以便及时复核业务执行过程中出现的重大问题。因此，随着业务进展执行部分复核工作可能比较有利，这样可以快速解决此类问题。

会计师事务所可以考虑在报告发布前，最少留出多少天（如五个工作日）用于项目质量控制复核，五天中留出两天用于清理复核中提出的问题及完成工作。业务规模越大、越复杂，留出来实施项目质量控制复核的时间通常越长。

### 5.6.2 项目质量控制复核人员（QCR）

会计师事务所负责制定标准，为业务委派项目质量控制复核人员，会计师事务所也必须确定该人员的资格。

项目质量控制复核人员应当客观、独立，拥有充分的培训、经验、技术专长和权限，以及履行职责所需的能力和时间。适合于履行项目质量控制复核职责的候选人通常具备的特征包括在现行会计和鉴证准则方面具备较高的技术专长，拥有较高层次的丰富经验。

项目质量控制复核人员不能是项目组成员，不能直接或间接复核自己的工作或作出与业务执行相关的重要决策。可由两名以上有资格的复核人员实施项目质量控制复核，以提供所需的专业知识，有效实施复核。

鼓励在履行项目质量控制复核职责的、有资格的专业人员之间进行咨询，项目组在业务执行过程中向项目质量控制复核人员进行咨询并非异常，对于小规模会计师事务所尤其如此。只要项目合伙人（而不是项目质量控制复核人员）作出最终决策，而且咨询的性质和范围不是特别重大，这种咨询通常不会损害复核人员的客观性。咨询过程能够避免在业务执行的后期产生意见分歧。

如果项目质量控制复核人员的客观性因为对特定问题提供咨询而受到损害，建议会计师事务所另行委派项目质量控制复核人员。

对于小规模会计师事务所，如果外部专业人员具有适当资格且满足必要的独立性要求，他们可以履行项目质量控制复核的职责。

## 案例研究——项目质量控制复核

参见本指南对案例研究的介绍，了解本案例的细节。

**M. M. & Associates**

Marcel 到目前为止没有上市实体客户，因此已经决定不对他的任何业务实施项目质量控制复核。

除了上市实体外，Marcel 可以对满足特定政策标准的其他业务实施项目质量控制复核。这些业务包括，例如，对更高风险评估水平实体的审计，或存在对独立性的不利影响且项目质量控制复核可能消除该不利影响或将其降至可接受水平的其他鉴证业务。

Marcel 的确执行了很多审计，其中一些有相当的规模，其中的某些客户可能对审计业务提出挑战，在这些具体情况下实施项目质量控制复核似乎是明智的。

假定 Marcel 贯彻了准则要求，他可能已经得出结论需要将项目质量控制复核的职能外包。由于他的所有人员相当缺乏经验，他不太可能履行项目质量控制复核职责。

如果这是你的会计师事务所，审计当地政府机构时，考虑到可能因密切关系产生的不利影响（Marcel 已经认识它们多年）、风险（对腐败的指控）和它是公共部门实体这一事实，你希望对这项业务实施项目质量控制复核吗?

对养老院执行的审计业务需要实施项目质量控制复核吗？这个客户可能正面临持续经营问题（拖欠审计费用将近一年），会计师事务所正面临对独立性的不利影响（费用过期未付）。

旨在指导人员考虑是否需要对特定业务实施项目质量控制复核的正式过程将可以较早地计划，并确信在需要时，可以获得负责实施项目质量控制复核的人员。这个过程也可以帮助人员评估某一具体情况，在该情况下，即使会计师事务所的标准可能没有严格要求对该业务实施项目质量控制复核，复核该业务可能是明智的（如在那些情况下，识别出业务存在更高的风险）。

Marcel 仍然需要执行某些工作，以满足 ISQC1. 35 –. 37 的要求。

# 第 6 章　监　　控

| 本章目的 | 主要参考资料 |
| --- | --- |
| 旨在为会计师事务所有关质量控制制度的监控政策和程序提供指引，包括会计师事务所的监控方案、检查程序、监控报告，对缺陷的处理和消除，对投诉和指控的回应。 | ISQC1.48－.56 |

## 6.1　概要

ISQC1. 48 规定：

48. 会计师事务所应当制定监控政策和程序，以合理保证与质量控制制度相关的政策和程序具有相关性和适当性，并正在有效运行。监控过程应当：

（1）持续考虑和评价会计师事务所的质量控制制度，包括周期性地对每个项目合伙人至少检查一项已完成的业务；

（2）要求委派一个或多个合伙人，或会计师事务所内部具有足够、适当经验和权限的其他人员负责监控责任；

（3）要求执行业务或实施项目质量控制复核的人员不参与该项业务的检查工作。（参见：第 A64－A68 段）

质量控制政策和程序是会计师事务所内部控制制度的关键部分。监控主要包括了解质量控制制度，并通过面谈、穿行测试和检查业务工作底稿及与质量控制制度运行相关的其他记录（例如，培训和持续职业发展记录，以及独立性确认函），确定质量控制制度是否以及在何种程度上有效设计并运行。监控也包括针对质量控制制度提出改进建议，特别是发现缺陷或职业准则和实务发生变化时。

### 有益的提示

建议会计师事务所制定监控政策和程序，对下列事项进行客观考虑和评价：

- 遵守质量控制政策和程序以及遵守职业准则和法律法规要求的程度；
- 质量控制政策和程序的相关性和充分性；
- 质量控制政策和程序与职业发展的同步性和一致性；
- 会计师事务所的质量保证和道德文化（包括有证据表明，存在遵守有关独立性政策和程序的书面确认函）；
- 职业教育和发展活动的有效性；
- 提供的指南性资料和技术资源的适当性；
- 会计师事务所的内部检查过程；
- 就质量控制问题与会计师事务所成员进行沟通的内容、时间和有效性（包括与识别出的制度内部缺陷、采取的任何更正行动以及根据评价对制度提出的改进建议相关的信息）；
- 一旦完成评价过程，确定后续程序的有效性（例如，是否及时采取必要的修正措施。）

会计师事务所依赖所有层次的每个合伙人和员工非正式地监控和强制执行质量、道德及行业和会计师事务所标准，这种监控是专业工作各方面所固有的。负责决策或监督他人工作的合伙人和员工负有更高层次的责任。

建议会计师事务所也要考虑相关职业团体进行业务检查和执照发放（如适用）时提供的所有反馈意见。不过，这种反馈千万不能替代会计师事务所自身的内部监控方案。

会计师事务所可能使用的监控机制包括：

- 内部和外部的教育及培训项目；
- 要求合伙人和员工知悉、理解并强制执行会计师事务所关于业务复核、质量控制复核及项目合伙人批准的相关政策和程序；
- 指示合伙人和员工只有获得必要签字批准，才能发布任何财务报表信息的政策说明；
- 会计师事务所的标准业务完成及签发控制制度，该制度按业务类型、职能和责任人概述所要求的批准和签署程序；
- 要求项目合伙人和项目质量控制复核人员持续监控适当批准程序的指令；
- 要求全体合伙人和员工在观察到重大的或不重大却重复发生的违反会计师

事务所政策或惯例的行为时，向会计师事务所内部适当的高级人员提出建议；

- 对职业联合会、协会或监管机构（如适用）实施的定期业务复核的范围进行评估。

会计师事务所或与独立方签约，将监控职能外包，或制定内部监控制度，不同会计师事务所作出的这些决策及其涉及的条款也会不同。决策也取决于会计师事务所在进行检查时的资源水平以及有效实施监控的能力。这个决策通常由会计师事务所内部对此承担责任的人员在每个检查周期向所有合伙人进行咨询后作出。

对于小规模会计师事务所，如果外部专业人员具有适当资格，他们可以履行监控的职责，或者会计师事务所可以选择同与之有联盟关系的另一家会计师事务所签订监控合约。

## 监控金字塔

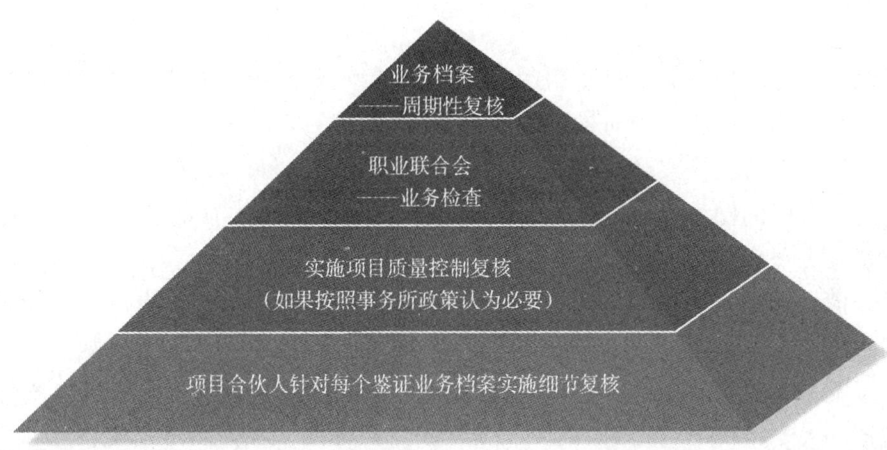


附录G有助于制定质量控制制度的监控过程，可以帮助会计师事务所确定考虑监控程序。

## 6.2 监控方案

对质量控制政策和程序实施情况进行监控的责任要与对质量控制承担的总体责任区分开来。监控方案的目的是帮助会计师事务所合理保证，与质量控制制度相关的政策和程序是相关、充分且运行有效的。监控方案也旨在帮助确信会计师事务所遵守了实务和适用法律法规的要求。

每个会计师事务所都根据其实务及业务的规模和性质，通过设计并实施相应的质量控制制度，落实质量控制准则。建议会计师事务所设计制度，以合理保证重大或持续发生的违反政策和质量控制的行为不可能发生或不可能不被发现。

为使监控有效进行，全体合伙人和员工需要与监控人员合作，并认识到监控人员是质量控制制度的重要组成部分。合伙人和管理者对监控过程的支持以及对监控人员评论和发现的重视尤其重要。意见分歧、不遵守或漠视监控人员发现的情况可以通过第5.5节说明的会计师事务所争论处理流程得以解决。

建议遵守监控过程，以对下列事项进行客观评估：

- 遵守职业准则和适用的法律法规要求；
- 业务报告的恰当性；
- 确定是否已就疑难问题或争议事项进行了充分、适当的咨询；
- 确定是否存在适用于已执行工作的充分、适当的记录；
- 评估会计师事务所的质量控制政策和程序是否已得到适当运用。

## 6.3 检查程序

监控会计师事务所的质量控制制度是一个持续或定期的过程。作为监控方案的一部分，会计师事务所应当对挑选的单项业务进行检查，而在挑选前不事先告知该项目组。尽管在每次检查时，针对每个项目合伙人，选择一项或多项已完成并签发的业务是比较好的做法，会计师事务所可能选择每年检查大量的业务，而挑选业务的依据就是在每个周期内，对每个项目合伙人至少检查一项已完成的业务。

在任何情况下，挑选单项业务进行检查都是周期性进行的，例如，检查周期不超过三年。

为了确信对工作底稿的评估是无偏、客观的，参与项目组或履行项目质量控制复核职责的人员不应当具有对同一工作底稿实施监控的资格。

对于小规模会计师事务所，检查监控程序可能需要由设计并实施会计师事务所质量控制政策和程序的同一人员执行。该人员非常熟悉会计师事务所的要求，所处的位置非常独特，能够识别出需要改进的领域。另一种可行的做法是，会计师事务所利用履行项目质量控制复核职责的同一人员执行检查程序，前提是为监控目的检查工作底稿的人员不是项目组成员，也未针对该特定工作底稿实施项目质量控制复核。在执行业务检查时，如果无法获得内部资源，对检查有帮助的其他来源可能包括与本会计师事务所有联盟关系的其他会计师事务所，或能够提供检查服务的职业会员团体。

如果网络事务所运用共同的监控政策和程序，网络事务所可能选择以网络为基础实施监控程序。无论怎样组织监控，会计师事务所的政策和程序都应当要求每年就监控的范围、程度和结果，与适当的人员进行沟通，同时还必须包括立即告知识别出的质量控制制度缺陷，以便采取更正行动。

很多因素将影响检查程序的设计。计划检查过程的组织方式通常包括下列因素：

- 会计师事务所的规模；
- 会计师事务所业务的性质及复杂程度；
- 与客户基础和所提供服务的类型相关的风险；
- 分支机构的数量及分布；
- 对每个单独的分支机构履行职责情况和遵守情况进行总体评估（如适用）；
- 前期实施检查程序以及职业团体或监管机构完成的外部监控的结果；
- 会计师事务所人员、部门和分支机构的权限。

对检查程序的记录可能包括：

- 对职业准则和适用法律法规要求遵守情况进行的评价；
- 评价质量控制制度要素的结果；
- 对会计师事务所是否已恰当运用质量控制政策和程序进行的评价；
- 对出具的业务报告是否适合具体情况进行的评价；
- 对缺陷及其产生原因和影响的识别，对是否需要采取进一步行动作出的决策及对该行动的详细说明；
- 对结果和得出结论的概述（提交给会计师事务所），以及对更正行动或需要的变化提出的建议。

最佳做法是项目合伙人们（与其他适当人员一起）一起碰头复核报告，决定对制度的更正或改变，职责、惩戒行动、认可及确定其他事项。

## 6.4 对监控结果的报告

会计师事务所应当每年至少一次将质量控制制度的监控结果，传达给所有项目合伙人及其他适当员工，包括首席执行官或合伙人管理委员会（如适用），传达的信息包括对监控过程作出的描述以及对会计师事务所质量控制制度的总体遵守情况和有效性得出的结论。

对监控结果的报告应当至少包括：

- 对已实施的监控程序作出的描述；
- 实施监控程序得出的结论；
- 如果相关，对系统性的、反复出现的或其他重大的缺陷，以及为纠正这些缺陷而采取的行动和建议采取的任何进一步行动作出的描述。

### 有益的提示

作为监控过程的一部分，会计师事务所可能希望监控涵盖某些额外项目。会计师事务所的考虑可能包括：

- 被检查的工作底稿的编号和类型；
- 依据检查作出的总体评论；
- 需要改进的共同缺陷或领域及其产生的原因；
- 对表明需要修订或更新质量控制制度或相关指南的问题进行的详细复核；
- 需要负责工作底稿的合伙人进行处理的特殊事项（例如，丢失的声明书和类似记录）；
- 对制定或改进政策以及对新的或调整的控制制度提出的旨在确保政策得到恰当地运用的建议；
- 就质量控制问题，在会计师事务所高层及其他合伙人和员工层次对会计师事务所文化进行评价；
- 对会计师事务所职业发展和培训过程作出的评论；
- 对现有质量控制制度的概述；
- 对定期评估过程的概述，包括已执行工作和已实施面谈的性质、时间安排和范围；
- 发现的情况（包括不适当或与现行准则不一致的政策）、会计师事务所层次和业务层次违反政策的重大事件以及识别出的其他问题；
- 对行业或适用的职业准则的变化的概述，这些变化显示需要或即将需要修订质量控制制度或相关记录。

为了帮助会计师事务所制定监控方案，附录 H 提供了指南，可作为监控报告的基础。

## 6.5 评价、沟通并更正已识别的缺陷

ISQC1.49－.54 规定：

49. 会计师事务所应当评价监控过程注意到的缺陷的影响，并确定缺陷是否属于下列情况之一：
   （1）该缺陷并不必然表明会计师事务所的质量控制制度不足以合理保证会计师事务所遵守职业准则和适用的法律法规的规定，以及会计师事务所或项目合伙人出具适合具体情况的报告；
   （2）该缺陷是系统性的、反复出现的或其他需要及时纠正的值得关注的缺陷。
50. 会计师事务所应当将监控过程注意到的缺陷及建议采取的适当补救措施，告知相关项目合伙人及其他适当人员。（参见：第 A69 段）
51. 针对注意到的缺陷，建议采取的适当补救措施应当包括下列一种或多种：
   （1）采取与某项业务或某个人员相关的适当补救措施；
   （2）将发现的缺陷告知负责培训和职业发展的人员；
   （3）改进质量控制政策和程序；
   （4）对违反会计师事务所政策和程序的人员，尤其是对反复违规的人员实施惩戒。
52. 会计师事务所应当制定政策和程序，以应对实施监控程序的结果表明出具的报告可能不适当，或在执行业务过程中遗漏了应实施程序的情况。这些政策和程序应当要求会计师事务所确定采取何种适当的进一步行动，以遵守职业准则和适用的法律法规的规定，并考虑是否需要征询法律意见。
53. 会计师事务所应当每年至少一次将质量控制制度的监控结果，向项目合伙人及会计师事务所内部的其他适当人员通报，包括首席执行官或合伙人管理委员会（如适用）。这种通报应当足以使会计师事务所及相关人员能够在其职责范围内及时采取适当的行动。通报的信息应当包括：
   （1）对已实施的监控程序的描述；
   （2）实施监控程序得出的结论；
   （3）相关时，对系统性的、反复出现的缺陷或其他重大缺陷及其整改措施作出的描述。
54. 如果会计师事务所是网络的一部分，可能实施以网络为基础的某些监控程序，以保持在同一网络内实施的监控程序的一致性。如果网络内部的会计师事务所在符合本国际质量控制准则要求的共同监控政策和程序下运行，且这些会计师事务所信赖该监控制度，会计师事务所的政策和程序应当要求：

（1）网络每年至少一次就监控过程的总体范围、程度和结果，与网络事务所内部的适当人员进行沟通；

（2）网络将识别出的质量控制制度缺陷，立即告知一家或多家网络事务所内部的适当人员，以便其采取必要的行动。

上述要求的目的是使网络事务所的项目合伙人能够信赖网络内实施监控的结果，除非会计师事务所或网络建议不予信赖。

建议会计师事务所制定政策和程序，使其能够处理监控方案发现的所有缺陷（除非明显不重要或无足轻重）。会计师事务所应当考虑这些缺陷是否表明质量控制制度存在结构性缺陷，或表明特定合伙人或员工违反了质量控制制度。

经常发生的缺陷以及源于不同合伙人或员工却未被发现的缺陷通常表明质量控制制度存在结构性缺陷。这些情况可能要求修改质量控制或记录制度。监控人员应当向负责质量控制或记录制度的合伙人或人员提议作出修改，以作出更正。

如果会计师事务所看起来出具了不恰当的报告，或报告的业务对象包含了错报或是不正确的，它应当考虑存在重大缺陷并遵守职业准则和法律法规的要求。在这种情况下，会计师事务所也应当考虑获取法律意见。

如果缺陷被认定是系统性或重复发生的，迅速采取更正行动将是必要的。多数情况下，与独立性和利益冲突相关的缺陷要求立即采取更正行动。

此外，负责培训和职业发展的合伙人或员工可能复核发现的缺陷，以确定培训和职业发展课程或补充教育能否有效应对缺陷体现出的问题。

### 6.5 违规行为

违反会计师事务所质量控制制度的行为是很严重的问题，尤其是合伙人或员工有意违反会计师事务所的政策。

由于质量控制制度生效后能够保护社会公众的利益，会计师事务所必须透明、严厉地处理有意的违规行为。会计师事务所通常能够采取很多方式处理有意的违规行为，包括制订改进计划提高业绩、实施复核、重新考虑晋升和提高薪酬的机会以及最终终止聘用关系。

不过，合伙人有意的违规行为很难应对。如果合伙关系协议或其他统御合伙人之间关系的合同没有涵盖对合伙人的惩戒，每个会计师事务所需要制定相关的惩戒过程。这个过程的最终结果就是合伙人和员工在未来都得遵守质量控制制度。为了保证实现这一目的，建议惩戒过程概述今后发生违规行为的后果。还建议这些后果比现在发生违规行为的后果更严重，以表明会计师事务所不容忍今后的违规行为。

在某些情况下，对难以遵守质量控制制度的合伙人或员工施加临时监管是适当的。这包括在出具报告之前，要求另一个合伙人复核已执行的工作，或由监控人员评估工作。另一个可行办法是临时或永久限制这些合伙人或员工执行工作的类型，例如，限制其参与大规模实体的业务。

## 案例研究——监控

参见本指南对案例研究的介绍，了解本案例的细节。

**M. M. & Associates**

案例研究对 Marcel 是否有监控制度没有说明，但却有相当的把握假定不存在这样的制度。

Marcel 必须按照 ISQC1. 48 的要求制定监控过程，并将监控结果和建议告知会计师事务所内部的适当人员。

考虑到 Marcel 会计师事务所的规模，履行监控职能的理想人选可能是有适当资格的外部咨询人员，如另一个当地执业人员，或来自他的地方联合会或协会的会计师事务所业务咨询者。

## 6.6 投诉和指控

ISQC1. 55 –. 56 规定：

55. 会计师事务所应当制定政策和程序，以合理保证能够适当处理下列事项：
   (1) 投诉和指控会计师事务所执行的工作未能遵守职业准则和适用的法律法规的规定；
   (2) 指控未能遵守会计师事务所质量控制制度。
   作为处理投诉和指控过程的一部分，会计师事务所应当明确投诉和指控渠道，以使会计师事务所人员能够没有顾虑地提出关注的问题。(参见：第 A70 段)
56. 如果在调查投诉和指控的过程中识别出会计师事务所质量控制政策和程序在设计或运行方面存在缺陷，或者存在一人或多人违反质量控制制度的情况，会计师事务所应当按照第 51 段的规定采取适当行动。(参见：第 A71 – A72 段)

投诉和指控是很严重的问题，尤其是合伙人或员工针对彼此提出的，或客户提出的，与未能保持有关客户工作的关注责任、违反隐私（如适用）或保密要求、存在利益冲突或任何形式的歧视或骚扰相关的投诉和指控。除了本指南第5.5节制定的争论解决机制，负责此类事项的合伙人可能会认真考虑将这些事项告知会计师事务所的职业责任保险公司或寻求法律意见。如果存在任何不确定性，该合伙人可以向其他合伙人、职业团体的实务咨询人员或值得信任的专业同事进行咨询。

**有益的提示**

建议会计师事务所考虑要求的所有职能，以处理投诉和指控，例如：

- 保持所有投诉和指控政策；
- 接收与投诉和指控相关的所有报告；
- 就投诉和指控事项向负责监督的人员提供指引和咨询；
- 提供有关这些事项的记录，包括投诉接收、调查发现和最终的结果；
- 向申诉人报告；
- 对所有调查实施或提供监督。

会计师事务所的政策必须提供处理各种类型投诉和指控的政策和程序，包括：

- 声称已执行的工作未能遵守职业准则和法律法规的要求；
- 声称违反了会计师事务所的质量控制制度；
- 声称会计师事务所质量控制政策和程序在设计或执行上存在缺陷。

对这些事项的调查应委派给拥有充分、适当经验和权限的合伙人。如果该合伙人碰巧是某特定业务的被投诉者，会计师事务所必须委派替代人选完成调查。

建议对于客户或其他第三方提出的任何投诉，应当根据投诉事项的重要程度，给予相应的优先考虑。通常，这包括确认并承诺正在处理投诉事项，以及说明在进行恰当调查后会尽快给出答复。

明确界定的过程可以使全体合伙人和员工明白，如果发生投诉或指控，后续程序是什么，应当向谁投诉。这个过程的结果通常连同回复一起予以记录。建议这些程序至少包括：

- 在进行面谈或检查相关记录后，对情况的具体事实进行识别；
- 参考法律法规、职业准则和会计师事务所政策（如适用）的要求，确定是否存在违规行为以及事情的性质、范围和后果；
- 在向会计师事务所内部的适当人员进行咨询后，要求考虑获得法律顾问的帮助，适当时聘请律师；
- 形成已发现情况的报告，包括任何建议；
- 答复申诉人。

对于小规模会计师事务所，可能考虑聘请外部咨询人员处理这些事项。不过，小规模会计师事务所的政策可能十分简单和直接，这些政策说明会计师事务所将以开放、负责任、尊重的方式适当、严肃地考虑投诉事项，并采取适当的行动，包括考虑使用独立方，寻求法律意见，以及必要时告知职业责任保险承保人。

只有全体合伙人和员工能够没有顾虑地提出关注的问题，处理投诉和指控的过程才是有效的。

## 案例研究——投诉和指控

参见本指南对案例研究的介绍，了解本案例的细节。

**M. M. & Associates**

看起来 Marcel 在这方面没有遇到困难。明显地，会计师事务所没有经历过投诉和指控，客户对会计师事务所的工作感到满意。

虽然如此，如果 Marcel 想要完全遵守 ISQC1. 55 -. 56 的规定，他仍然必须制定恰当的政策和程序，以便一旦发生投诉和指控，能够有所准备。确信这些政策和程序到位，可以在接到投诉和指控时，指导会计师事务所人员处理投诉和指控。

# 第 7 章　记　　录

| 本章目的 | 主要参考资料 |
| --- | --- |
| 旨在为会计师事务所的记录要求提供指引，既有业务层面的记录要求（包括项目质量控制复核），又有针对会计师事务所质量控制制度的记录要求。 | ISQC1. 42，ISQC1. 45 –. 47，ISQC1. 57 –. 59 |

## 7.1　概要

ISQC1. 42 规定：

**记录项目质量控制复核**

42. 会计师事务所应当制定与记录项目质量控制复核相关的政策和程序，要求记录：
    （1）会计师事务所有关项目质量控制复核的政策所要求的程序已得到执行；
    （2）项目质量控制复核在报告日或报告日之前已完成；
    （3）复核人员没有发现任何尚未解决的事项，使其认为项目组作出的重大判断和得出的结论不适当。

ISQC1. 45 –. 47 规定：

**完成对最终业务档案的归整工作**

45. 会计师事务所应当制定政策和程序，以使项目组在出具业务报告后及时完成最终业务档案的归整工作。（参见：第 A54 – A55 段）

**业务工作底稿的保密、安全保管、完整性及使用和检索**

46. 会计师事务所应当制定政策和程序，以处理与业务工作底稿的保密、安全保管、完整性及使用和检索相关的工作。（参见：第 A56 – A59 段）

## 7.1 概要

**业务工作底稿的保存**

47. 会计师事务所应当制定政策和程序，以使业务工作底稿的保存期限满足会计师事务所的需要或法律法规的规定。(参见：第 A60 – A63 段)

ISQC1. 57 –. 59 规定：

**对质量控制制度的记录**

57. 会计师事务所应当制定政策和程序，要求形成适当的工作记录，以对质量控制制度的每项要素的运行情况提供证据。(参见：第 A73 – A75 段)

58. 会计师事务所应当制定政策和程序，要求对工作记录保管足够的期限，以使执行监控程序的人员能够评价会计师事务所遵守质量控制制度的情况，或根据法律法规的规定，将记录保留更长时间。

59. 会计师事务所应当制定政策和程序，要求记录投诉和指控及其处理情况。

## 7.2 记录会计师事务所的政策和程序

会计师事务所制定政策和程序，规定所有业务记录的详细程度和范围（如会计师事务所手册或业务模板的规定）供全所使用。会计师事务所也必须制定政策和程序，要求进行适当的记录，为其质量控制制度每一要素的运行情况提供证据。

这些政策确保记录是充分、适当的，能够为下列方面提供证据：

- 遵守会计师事务所质量控制制度的每一要素；
- 与表明项目质量控制复核已在报告日或报告日之前完成的证据一起，支持每个业务报告已按照职业准则、会计师事务所标准及法律法规的要求出具。

这些政策通常以标准化沟通函、调查问卷、核对表和备忘录的形式，比较简单地嵌入会计师事务所的业务模板中。这能够很好地确信质量控制制度要素在会计师事务所和业务这两个层次都得到了一贯的运用。

## 7.3 记录业务

会计师事务所的政策为及时完成最终业务档案的归整工作提供了已确定的程序（即归整期限通常不超过报告日后 60 天）。如果针对客户的同一业务对象信息出具两个或多个不同的报告，建议会计师事务所有关归档期限的政策将其视为不同的业务，分别进行归档。

业务工作底稿的保存期限必须足够长，使实施监控程序的人员能够评价会计师事务所遵守内部控制制度的程度，同时还要满足职业准则、法律法规对会计师事务所提出的要求。

在考虑业务工作底稿时，会计师事务所也应当关注在全所范围内要求业务档案的组织和索引的一贯性。这将大大提高工作的效率，包括很容易找出档案内的各部分，便于所有层次的底稿复核人员接触档案，以及保持会计师事务所所有成员完成业务档案工作的一致性。从质量控制的角度来看，这样做也有助于会计师事务所保证审计工作底稿已得到必要的签署，相互交叉索引，并已包含复核意见。

会计师事务所应当使用索引系统组织业务工作底稿，使各部分工作记录有条理。编制每张工作底稿时，给其赋予独一无二的索引编号，该编号与整体的档案索引直接联系在一起。

示例 7.3.1 提供了档案索引的举例。这个例子按照财务报表领域（如现金、应收账款、销售等），将各记录汇集到一起。

示例 7.3.1

**索引——年末审计档案**

**（样板——使用 CGA 为开始于 2010 年 12 月 14 日及之后的审计业务设计的审计系统）**

**结束审计**

（1）关闭审计档案
业务完成备忘录
对审计档案的期后修改

（2）财务报表/审计报告

（3）最终分析程序

（4）复核人员的核对表
质量控制复核（如适用）

（5）财务报表列报复核

（6）项目合伙人/个人执业人员复核

（7）调整分录和结账分录

（8）试算平衡表

（9）函件、讨论和注释——
声明书
与管理层和其他人员的讨论
管理建议书
注释和疑问

**接受审计**

（11）接受审计业务的核对表——新客户或现有客户
从前任审计师档案中获取的信息*
业务约定书*

（12）了解被审计单位及其环境——
客户的概况
要求的文件

示例7.3.1续

**总体审计策略**

(21) 制定总体审计策略核对表

(22) 确定重要性
评价错报

(23) 使用分析程序识别风险

(24) 召开审计项目组计划会议

(25) 评估固有风险

(26) 确定风险是否表明需要实施项目质量控制复核

(27) 审计预算——时间和费用
计划需由客户编制的文件

(28) 总体审计策略

**评估重大错报风险**

(31) 评估重大错报风险核对表

(32) 询问管理层、治理层、负责内部审计工作的人员以及客户内部的其他人员

(33) 评价控制环境

(34) 评价管理层对估计（包括公允价值）的使用

(35) 信息系统和内部控制：
通用IT系统和IT控制
收入、应收账款和收款
采购、应付账款和付款
工资
存货、销售成本和生产
筹资和权益

(36) 测试控制**
收入、应收账款和收款
采购、应付账款和付款
工资
存货、销售成本和生产
筹资和权益

(37) 复核所有会议记录
对审计人员的委派（年度会议的决定）

(38) 复核客户将要包含已审计财务报表的年度报告或其他文件

(39) 风险评估概要

**财务报表核对表、分析程序和余额测试**

**资产负债表/财务状况表**

(A) 现金和现金等价物

(B) 应收账款和其他应收款

(C) 存货

(D) 预付费用

(E) 投资

(F) 不动产、厂房和设备（BUS）

(G) 资本资产（NPO）

(H) 商誉和无形资产（BUS）

(AA) 短期负债和长期负债

(BB) 应付账款和应计负债

(EE) 应付税金

(HH) 其他负债

(NN) 权益/净资产

(SS) 分录

(TT) 应对舞弊迹象

(UU) 持续经营

(VV) 外币折算

(WW) 会计估计
会计政策的变更及对前期错误的更正

(XX) 关联方交易
超出正常经营过程的重大交易

(YY) 或有负债和合同负债
期后事项

(ZZ) 经济依赖

示例 7.3.1 续

**利润表/经营状况表**

(100) 收入
(200) 销售成本
(300) 费用
(400) 其他收益和费用

**交易的实质性测试 ****

(500) 收入、应收账款和收款
采购、应付账款和付款
工资
存货、销售成本和生产
筹资和权益

* 可能归入永久性档案

** 可能归入中期档案

## 有益的提示

会计师事务所应当确定所需的对业务工作底稿的要求，以表明会计师事务所已经满足职业和法律法规要求。建议会计师事务所考虑下列事项：

- 业务计划核对表或备忘录；
- 识别出的有关道德要求的问题（包括对遵守情况的说明）；
- 遵守独立性要求，对与这些问题相关的所有讨论进行记录；
- 与客户关系的接受与保持相关的结论；
- 为评估由舞弊或错误导致的财务报表层次和认定层次的重大错报风险而执行的程序；
- 已执行的风险应对程序的性质、时间安排和范围，包括结果和结论；
- 咨询的性质、范围和得出的结论；
- 收发的所有沟通报告；
- 在报告日或报告日之前完成的项目质量控制复核的结果；
- 确认不存在将导致复核人员认为作出的重大判断和得出的结论是不恰当的尚未解决事项；
- 审计证据已获取并评价，充分、适当，能够支持将出具的报告的结论；
- 关闭档案，包括适当的签署。

## 7.4 记录项目质量控制复核

已完成的标准化项目质量控制复核核对表可以为复核已得到执行提供证据。这可能包括确认函和支持性证据或对其的交叉索引，证实：

- 有适当资格的合伙人和员工已执行项目质量控制复核要求的程序（涉及审计业务时，ISA220.25（a））；
- 在报告日或报告日之前完成了复核（涉及审计业务时，ISA220.25（b））；
- 不存在引起项目质量控制复核人员注意的尚未解决事项，使其相信项目组作出的重大判断和得出的结论是不恰当的（涉及审计业务时，ISA220.25（c））。

## 7.5 对档案的接触和保存

质量控制准则和法律法规、职业规定（通常）都要求会计师事务所制定政策和程序，以处理与业务工作底稿的保密、安全保管、完整性及使用和检索相关的工作。

这些政策应当包括考虑法律法规中的各种保存要求，以使业务工作底稿的保存期限足够长，能够满足会计师事务所的需要，遵守准则和所在国家或地区的法律规定。

政策应当明确说明，所有工作底稿、报告和会计师事务所编制的其他文件（包括客户编制的工作表）都是保密的，应当受到保护，防止未经授权接触这些记录。政策和程序也应当包括保护外勤工作中的工作底稿档案，考虑其安全性。这些政策和程序还应当包括指示有关人员恰当操作易遭受损坏、盗窃或丢失、硬盘失效或事故的便携电脑。会计师事务所应当利用备份程序应对这些不利影响，使部分或全部丢失工作的不利影响最小化，同时保护客户信息。

建议会计师事务所要求复核工作底稿的外部请求应经项目合伙人批准，只有获得批准，才能接触文件。

工作底稿不应提供给第三方，除非：

- 客户已经书面授权披露信息；
- 职业责任需要披露信息；
- 法律或司法进程要求披露信息；
- 法律法规要求披露信息。

在向他人提供工作底稿进行复核前，会计师事务所应当告知客户并获取其书面授权，除非法律禁止这样做（例如，按照各个国家或地区对某些反恐或洗钱行为的规定）。当潜在的买家、投资者或借款人要求获取工作底稿进行复核时，向客户获取授权书是比较好的做法。如果客户不愿授权进行任何必要的信息披露，会计师事务所可以考虑寻求法律意见。

面临诉讼或潜在诉讼，或监管或行政管理程序时，建议会计师事务所在没有获得法律顾问同意时不要提供工作底稿。

会计师事务所可以依据所在国家或地区的税务或法律要求，确定对当期客户工作底稿和档案的最短保存期限。根据客户需求、风险和法律法规考虑，某些资料可能需要保存更长期限。会计师事务所的政策应当确定工作底稿及下列类型档案的保存期限（通常不少于五年）：

- 永久性档案；
- 税务文件；
- 财务报表和报告；
- 往来函件。

政策也应当明确规定对前客户工作底稿和档案的最短保存期限，该保存期限通常自审计报告日起，或自集团审计报告日起（若迟于审计报告日）不少于五年。

会计师事务所可以查阅当地税法、公司法和其他法规，获取有关档案保存的进一步指引。

建议对存储在外部的所有档案保持可接触的永续记录，并对每一个存储器添加恰当的卷标，以便识别和检索。也建议由负责事务所管理的合伙人批准档案的销毁工作，并保持对所有销毁资料的永久记录。

# 附录 A

## 合伙人和员工的独立性

【会计师事务所的信笺抬头】

【日期】
【会计师事务所的名称和地址】

### 独立性确认函

我确认，尽我所知与所信，我遵守了会计师事务所的政策和程序，包括 IESBA 职业会计师道德守则第 290 节和第 291 节的规定［除表 A 所列事项］。

签名：____________________
姓名：____________________
职务：____________________
日期：____________________

# 表 A
# 合伙人和员工的独立性

尽你所知与所信，列出并简要说明可能影响独立性的所有事项的性质。参见IESBA 职业会计师道德守则 290 节和 291 节的规定，完成此表。

每个项目将由项目合伙人复核。可能有必要获取进一步信息，以确定要求采取何种行动（如有）。

所有决策及后续的行动过程都应当得到完整的记录。

| 对可能影响独立性的事项描述 | 对独立性可能如何受到影响的详细说明 | 采取的恰当防范措施（如适用），以消除不利影响或将其降至可接受的水平 |
|---|---|---|
| | | |

# 附录 B

## 【样板】保密确认函

【会计师事务所的信笺抬头】

（要求员工在聘期开始时签署保密确认函并在此后每年重新签署，以提醒员工注意保密要求是很好的实务做法。替代做法是：将这一规定纳入员工聘用合同的条款和条件中。）

【日期】

【 XXXX 】：

为了确保持续遵守 IESBA 职业会计师道德守则第 140 节的规定，履行我们的职业责任和保护我们的客户，必须对我们客户的事务进行保密。保密信息是指在执行客户业务的过程中获知的任何信息，可以公开获取的信息除外。

我已经阅读、理解并遵守会计师事务所政策中关于客户事务的保密要求。

姓名：____________________

签名：____________________

日期：____________________

# 附录 C

在评价是否接受新客户的业务时**建议考虑的事项**。结果可能记录在核对表（如下文所示）、问卷调查中，或在备忘录中予以概述。

## 初步考虑

在接受业务之前是否与客户讨论以确定其历史，并获取相关文件（即组织结构图、过去两年或三年的经营成果和财务业绩成果、管理层的变化、经营结构以及可能对业务产生影响的所有其他文件）？

| 客户的接受 | 是 | 否 | 不适用 | 评述 |
|---|---|---|---|---|
| **新客户的特征和诚信** | | | | |
| 1. 你信任客户，或者你的同事认识客户吗？ | | | | |
| 2. 你是否对认为没有事项或情况导致你对新客户的所有者、董事会成员或管理层的诚信产生疑虑？特别是，你是否认为不存在下列事项？<br>（a）证明有罪和受到监管处罚；<br>（b）怀疑存在违法行为或舞弊；<br>（c）受到持续调查；<br>（d）管理层成员在职业组织中的声名不佳；<br>（e）有负面新闻；<br>（f）与存在道德问题的人员或公司关系密切。 | | | | |
| 说明获取与这些风险相关的证据时使用的方法，如网络搜索等。（网络搜索的关键词可能包括客户的商业名称、关键人员的姓名以及行业或产品及服务的名称。） | | | | |
| 记录已获取的与评估上述风险相关的所有证据。 | | | | |

| 客户的接受 | 是 | 否 | 不适用 | 评述 |
| --- | --- | --- | --- | --- |
| 3. 如果其他审计师或会计师已经拒绝为该潜在客户提供服务，或怀疑变更是出于意见收买或其他类似动机，你已记录涉及的风险，并认真考虑你为何应当接受业务吗？ | | | | |
| **前任审计师/会计师** | | | | |
| 4. 你已经联系前任审计师或会计师（如果在你所处的国家或地区适用），并就下列事项进行了询问吗？<br>（a）接触新客户的工作底稿；<br>（b）拖延支付的费用；<br>（c）意见分歧或不一致；<br>（d）管理层和董事会的诚信；<br>（e）人员变更的理由；<br>（f）所有不合理的要求或缺乏合作。 | | | | |
| 5. 你已向前任会计师事务所获取许可，复核上期工作底稿吗（如被允许）？如果这样，你已复核前任会计师事务所编制的上期计划工作底稿，并确定前任会计师事务所是否已完成下列事项了吗？<br>（a）确认与客户保持独立；<br>（b）在执行审计业务的情况下，按照ISAs的要求执行审计工作；<br>（c）拥有适当的资源和熟练程度；<br>（d）了解被审计单位及其环境。 | | | | |
| **以前的财务报表** | | | | |
| 6. 你已获得并复核下列文件的复印件吗？<br>（a）至少前两年的财务报表；<br>（b）前两年的所得税申报表和相关评估；<br>（c）前两年或三年的管理建议书。 | | | | |

| 客户的接受 | 是 | 否 | 不适用 | 评述 |
|---|---|---|---|---|
| 7. 假定你能够接触前任审计师或会计师编制的上期工作底稿，你已复核了这些底稿，以实现下列目的吗？<br>（a）评估上期期末余额的合理性，特别关注重大账户，以确定是否需要重述；<br>（b）确定前任审计师或会计师是否识别出任何重大错报；<br>（c）确定上期未调整的非重大错报对本期产生的影响；<br>（d）通过复核前任审计师或会计师的调整分录和管理建议书，评估管理层会计系统的适当性。 | | | | |
| 8. 你已确定上期财务报表使用的重大会计政策和方法，并考虑这些政策和方法是否得到恰当、一贯的运用吗？例如：<br>（a）重大的估价，如坏账准备、存货和投资；<br>（b）摊销政策和比率；<br>（c）重大估计；<br>（d）其他（请识别）。 | | | | |
| 9. 在执行审计业务时，需要执行与上期关键交易或余额相关的特殊审计程序，以降低本期期初余额的错报风险吗？如果需要，增加对那些程序的工作底稿索引。 | | | | |
| 10. 你已确定，是否因为不能针对期初余额获取足够的保证，而有必要出具无法表示意见的审计报告？ | | | | |

| 客户的接受 | 是 | 否 | 不适用 | 评述 |
|---|---|---|---|---|
| **专业知识** | | | | |
| 11. 你已获得对客户商业实务和经营活动的总体了解吗？（完成对客户进行了解的备忘录，或使用标准化核对表提供该信息。） | | | | |
| 12. 合伙人和员工拥有对新客户所处行业会计实务的充分知识以执行业务吗？如果不是，能够很容易地获取行业会计实务知识吗？说明获取知识的来源。 | | | | |
| 13. 识别出需要专门知识的领域吗？如果是，能够很容易地获取所要求的知识吗？说明获取知识的来源。 | | | | |

**独立性评估**

**此处并未列出适用于公众利益实体业务的特殊禁止规定。所有相关要求和指引都应当参见 IESBA 守则 290 节和 291 节。**

| | 是 | 否 | 不适用 | 评述 |
|---|---|---|---|---|
| 14. 识别并记录所有现行禁止规定（对独立性产生的没有适当防范措施的不利影响）：<br>（a）接受客户提供的重要礼品或款待；<br>（b）与客户存在密切的商业关系；<br>（c）与客户存在家庭和私人关系；<br>（d）收费远低于市场价格（除非工作底稿能够提供证据，证明已满足所有适用准则的要求）；<br>（e）与客户存在经济利益；<br>（f）在规定期间内，受客户雇佣担任（或预期将担任）具有重大影响的高级管理者、董事或雇员的身份；<br>（g）向客户提供或从客户获得的贷款和担保； | | | | |

| | 是 | 否 | 不适用 | 评述 |
|---|---|---|---|---|
| (h) 未经管理层批准，编制分录或会计科目分类；<br>(i) 为客户代行管理职能；<br>(j) 提供非鉴证服务，如公司财务、涉及解决争论的法律服务或涉及对财务报表很重要的事项进行估价的服务。 | | | | |
| 你对不存在禁止规定阻碍会计师事务所或任何员工执行业务感到满意吗? | | | | |
| 15. 参见 IESBA 守则 B 部分的规定，为识别对独立性产生的不利影响及其防范措施提供指引。<br>(a) 识别并记录对独立性产生的所有不利影响，这些不利影响存在相应的防范措施。处理下列与会计师事务所和项目组成员相关的不利影响。<br>• 自身利益的不利影响，可能由于职业会计师或其直系亲属或近亲属在客户拥有经济利益（即失去客户的费用将会很严重）所导致；<br>• 自我评价的不利影响，可能由于以前的判断需要由负责该判断的职业会计师进行评价所导致；<br>• 过度推介的不利影响，可能由于职业会计师推广的立场或意见将导致随后的客观性受到损害（即在诉讼或股份推销中充当客户的代言人）所导致； | | | | |

| | 是 | 否 | 不适用 | 评述 |
|---|---|---|---|---|
| • 密切关系的不利影响，可能由于与客户存在密切关系，职业会计师过分倾向于客户而没有顾及其他人的利益所导致；<br>• 外界压力的不利影响，可能由于实际的或预期的不利影响阻止职业会计师的客观行动所导致。<br>(b) 评价并记录这些不利影响单独或连同其他不利影响一起考虑时，是否明显不重大。<br>(c) 对于每个明显不重大的不利影响，记录存在于客户或会计师事务所的防范措施，以及这些防范措施如何将该不利影响降至可接受的水平。防范措施可能包括职业准则和监控、会计师事务所有关继续教育的政策、实务检查、质量保证、客户对分录和分类表的批准，以及强有力的控制环境和招聘有胜任能力的人员等客户可以采取的防范措施。<br>(d) 你对存在充分的、正在生效的防范措施，以及这些防范措施可以消除对独立性产生的不利影响或将其降至可接受的水平感到满意吗？ | | | | |

| 是 | 否 | 不适用 | 评述 |
|---|---|---|---|
| | | | |

**业务风险评估**

16. 你已确定会计师事务所可以接受与这个新客户及其所处行业相关的风险吗？说明任何已知的或怀疑的风险及其对未来业务的影响，包括：
    (a) 专横的所有者；
    (b) 违反行业的法律法规，这种行为将导致重大的罚金或惩罚；
    (c) 筹资或偿债问题；
    (d) 客户或其管理层受媒体的高度关注；
    (e) 行业趋势和业绩；
    (f) 过度保守或乐观的管理层；
    (g) 参与高风险的商业投机；
    (h) 风险特别高的经营；
    (i) 不健全的会计系统和记录；
    (j) 大量的异常或关联方交易；
    (k) 异常或复杂的公司/经营结构；
    (l) 薄弱的控制和管理；
    (m) 缺乏明确的收入确认政策；
    (n) 技术变化给行业或经营造成重大影响；
    (o) 管理层重大潜在利益取决于良好财务或业绩结果；
    (p) 管理层的胜任能力或诚信问题；
    (q) 管理层、关键人员、会计人员或律师最近发生的变动；
    (r) 公共部门实体报告要求。
17. 谁是财务报表的可能使用者？
    - 银行；
    - 政府税务机构；
    - 监管团体；
    - 管理层；

| | 是 | 否 | 不适用 | 评述 |
|---|---|---|---|---|
| • 债权人；<br>• 潜在投资者/采购者；<br>• 股东/股东大会的成员；<br>• 其他。 | | | | |
| 存在将受到业务结果影响的股东争议或其他争议吗？<br>这些使用者对报告的预期依赖意味着合理的风险吗？ | | | | |
| 18. 有需要特殊关注的财务报表特定领域或特定账户吗？如果有，记录细节。 | | | | |
| 19. 前任审计师或会计师预计存在许多调整事项或识别出许多未调整的非重大更正吗？如果是，记录可能的原因及其对业务风险的影响。 | | | | |
| 20. 你对没有重大理由导致新客户的持续经营能力（至少一年）出现疑虑感到满意吗？ | | | | |
| 21. 你对新客户既有意愿又有能力支付可接受的审计费用感到满意吗？ | | | | |
| **范围限制** | | | | |
| 22. 你对不存在客户管理层施加于你的工作的范围限制感到满意吗？ | | | | |
| 23. 有恰当的标准（例如，IFRSs），以便能据此评价业务对象吗？ | | | | |
| 24. 完成工作的时间安排合理吗？ | | | | |
| **其他** | | | | |
| 25. 存在需要特殊考虑的客户接受问题，例如，对独立性和风险因素进行更详细的评估吗？如果存在，记录这些问题以及你对这些问题的处理。 | | | | |
| 26. 其他评述。 | | | | |

**合伙人的结论**

| 合伙人的评述 |
| --- |
| 根据我对新客户及上述因素的了解，该客户应当评定为：<br>□高风险　　□中等风险　　□低风险 |

1. 我对不存在禁止规定阻碍会计师事务所或项目组的任何成员执行本业务感到满意。
2. 如果识别出对我们的独立性产生的重大不利影响，现有防范措施能够生效，从而消除该不利影响或将其降至可接受的水平。
3. 我并不知悉损害我们实质上的独立性或形式上的独立性的任何因素。
4. 我对我们已获取充分的信息评估是否接受本业务感到满意。

我认为，我们应当**接受**□或**拒绝接受**□本业务。

**第二合伙人的批准（如适用）**

签名：__________________　　签名：__________________
日期：__________________　　日期：__________________

# 附录 D

## 委派人员执行业务

| 是 | 否 | 不适用 | 包含政策和程序的文件 |
| --- | --- | --- | --- |

### 建议的计划步骤

在小规模会计师事务所，时间的可获得性、许多事情汇集到年末某个时点一起发生以及缺乏必要的技巧是共性问题。考虑委派人员执行业务时，同时考虑对外部专家的需求并及时作出安排是有用的。

1. 考虑会计师事务所和分支结构的总体需求，以及用于实现人员需求、人员技巧和个人发展及效用平衡的措施，界定会计师事务所委派合伙人和员工执行业务的方法。
   (a) 在总体考虑的基础上计划会计师事务所的人员需求；
   (b) 尽早识别会计师事务所对特定业务的要求；
   (c) 编制业务的时间预算，以确定人员要求和规划工作；
   (d) 确定人员要求及对合伙人和员工的使用时，考虑业务规模和复杂程度、人员的可获得性、要求的特殊专业知识、执行工作的时间、人员的持续性和定期轮换，以及在职培训的机会。
2. 指定适当的合伙人或经验丰富的高级员工承担委派人员执行业务的责任。决定人员的委派时，考虑下列事项：
   (a) 特定业务对员工和时间的要求；
   (b) 评价与经验、职务、背景和特殊专业知识相关的个人资格；

| | 是 | 否 | 不适用 | 包含政策和程序的文件 |
|---|---|---|---|---|
| （c）监督人员计划监督和参与的程度；<br>（d）计划的被委派人员时间的可获得性；<br>（e）可能存在独立性问题和利益冲突的情形，如委派人员执行某客户的业务，该客户是审计人员的前任雇主，或是审计人员家庭成员的现任雇主；<br>（f）委派人员时，适当考虑人员的持续性和轮换要求以有效执行业务，同时考虑拥有不同经历和背景的其他人员的看法。 | | | | |
| 3. 将业务规划和员工安排提交项目合伙人批准。<br>（a）将被委派人员的姓名和资格提交项目合伙人复核和批准；<br>（b）考虑项目组与业务复杂程度或其他要求相关的经验和培训，同时考虑拟实施监督的范围。 | | | | |

# 附录 E

## 咨询

| | 是 | 否 | 不适用 | 包含政策和程序的文件 |
|---|---|---|---|---|
| 小会计师事务所可能发现有更大的需求，就复杂交易、专门的会计问题和重大的独立性或其他道德问题寻求外部咨询。会计师事务所可以根据自己的需要修改本附录的内容，执行并记录咨询。 | | | | |
| 1. 将咨询政策和程序告知会计师事务所的人员。 | | | | |
| 2. 明确规定由于业务对象的性质或复杂程度而需要进行咨询的领域或特殊情形，包括：<br>（a）新发布的技术公告；<br>（b）特定行业的特殊会计、审计或报告要求；<br>（c）实务中出现的紧急问题；<br>（d）法律和监管团体（尤其是境外国家或地区的这些团体）提出的申报要求。 | | | | |
| 3. 保持或提供与适当参考文库及其他权威来源的接触途径。<br>（a）制定保持参考文库的责任；<br>（b）保持技术手册，传阅技术公告；<br>（c）保持与其他会计师事务所和专业人员的咨询协议，以补充会计师事务所的资源。 | | | | |
| 4. 指定人员承担权威来源的专家职责，并界定他们在咨询情况下的权限。 | | | | |
| 5. 明确规定对需要咨询的领域或特殊情况进行咨询后形成记录的范围。<br>（a）就需编制的记录的范围及编制责任向会计师事务所的人员提出建议；<br>（b）说明将咨询记录保持在何处；<br>（c）保持咨询结果的业务档案，供参考和研究使用。 | | | | |

# 附录 F

| 项目质量控制复核（EQCR）<br>（建议的程序） | 是 | 否 | 不适用 | 评述 |
|---|---|---|---|---|
| 1. 复核财务报表或其他业务对象。 | | | | |
| 2. 复核报告草稿并说明出具的报告是否适合具体情况。 | | | | |
| 3. 对于审计业务，复核记录了特别风险及会计师事务所应对措施的工作底稿。 | | | | |
| 4. 确定挑选出来进行复核的工作底稿是否反映了与重大判断和得出结论相关的已执行的工作。 | | | | |
| 5. 复核提供证据表明业务接受（或保持，如适用）程序得到执行的工作底稿。 | | | | |
| 6. 当信赖其他审计师或会计师的工作时，复核评估程序。 | | | | |
| 7. 复核与遵守相关法规、上市要求（如相关）及标准（如 IFRSs）相关的程序。 | | | | |
| 8. 复核项目组选择的恰当性。 | | | | |
| 9. 复核业务约定书。 | | | | |
| 10. 复核管理层或治理层签署的声明书。 | | | | |
| 11. 复核与持续经营考虑相关的咨询。 | | | | |
| 12. 复核鉴证业务的管理者已适当复核工作底稿的证据。 | | | | |
| 13. 复核出具的、与业务相关的其他报告，如监管部门关于金融机构的回复。 | | | | |
| 14. 复核向客户提供非鉴证服务的程度。 | | | | |
| 15. 复核执行业务过程中识别的已更正和尚未更正错报的重要程度及处理情况。 | | | | |

| | 是 | 否 | 不适用 | 评述 |
|---|---|---|---|---|
| 16. 复核项目组对会计师事务所及其人员（包括网络事务所的人员和专家）的独立性作出的评价。 | | | | |
| 17. 复核相关证据，这些证据表明已就疑难问题或争议事项以及意见分歧向其他合伙人进行咨询，咨询结论是恰当的并已得到执行。 | | | | |
| 18. 复核被咨询的专家提供的建议。 | | | | |
| 19. 复核向管理层、治理层和监管机构（如适用）传达的事项。 | | | | |
| 20. 在项目质量控制复核过程中，与项目合伙人进行讨论，以复核与疑难问题、争议事项或影响财务报表披露的某些方面相关的决策。 | | | | |
| 21. 如果项目合伙人不接受质量控制复核人员的建议且复核人员对问题的解决感到不满意，只有遵照会计师事务所处理意见分歧的程序解决了问题，才能签署报告。如适用，则提供细节。 | | | | |

# 附录 G

| 质量控制制度监控过程<br>（建议考虑） | 是 | 否 | 不适用 | 评述 |
|---|---|---|---|---|
| 1. 已在适当时间规划了质量控制制度评估。 | | | | |
| 2. 已复核会计师事务所的现行质量控制手册，从而确信该制度是完整的。 | | | | |
| 3. 已考虑职业和权威性职业指南的变化，该变化可能表明需要修订或更新质量控制制度或相关指引。 | | | | |
| 4. 已针对与持续职业发展相关的会计师事务所政策、要求和实务获取证据并作出评估。 | | | | |
| 5. 已复核合伙人和员工对强制性持续职业发展的遵守情况及相关报告。 | | | | |
| 6. 已复核与获取、学习并传达与会计师事务所提供服务所在领域相关的职业实务发展所进行的管理和承担的责任。 | | | | |
| 7. 已复核合伙人和员工在去年完成的内部或外部培训项目。 | | | | |
| 8. 已与对质量控制制度的各方面承担责任的所有者或合伙人进行面谈。面谈时，就下列问题进行了询问：<br>（a）他们负责的领域有变化，以致需要对质量控制制度或相关记录作出相应改变吗？<br>（b）有明年即将发生但需要现在立即应对的变化吗？<br>（c）他们负责的领域有任何重大违规行为或其他事项发生，表明质量控制制度存在缺陷吗？<br>（d）有合伙人或员工不愿意遵守会计师事务所的政策吗？ | | | | |

| | 是 | 否 | 不适用 | 评述 |
|---|---|---|---|---|
| （e）有会计师事务所内部或外部针对违规行为提出的指控吗？<br>（f）有需要考虑的、对于质量控制制度复核可能是重要的任何其他事项吗？ | | | | |
| 9. 在此期间有任何其他监管或执业质量检查吗？（如果有，则获取复核报告的复印件并考虑发现的情况。） | | | | |
| 10. 已考虑会计师事务所争论或不一致意见的解决过程及惩戒程序的适当性吗？特别是，应当对如何应对惩戒事项，以及在会计师事务所保护举报人政策下报告的任何问题的处理情况进行询问。 | | | | |
| 11. 已从会计师事务所对独立性确认函、保密确认函、遵守会计师事务所政策和质量控制标准的确认函以及遵守情况确认函（如适用）的记录中挑选了样本吗？ | | | | |
| 12. 已复核的档案中包含了记录，以考虑并报告针对下列事项作出决策和采取行动的充分性和适当性了吗？<br>（a）内部和外部投诉；<br>（b）有关专业问题的争论；<br>（c）注意到的（合伙人或员工）违反政策和程序的行为。 | | | | |
| 13. 为了确定会计师事务所的质量控制政策是否得到遵守，已使用档案检查核对表，完成了对（写上数量）档案的检查。挑选档案的目的是在三年的监控检查周期内，能够满足下列标准： | | | | |

| | 是 | 否 | 不适用 | 评述 |
|---|---|---|---|---|
| 下列档案已得到检查【根据会计师事务所采用的政策修订（a）和（b）。例如，既考虑数量因素，又考虑性质（风险）因素】：<br>（a）针对每个合伙人，至少一项审计业务和一项审阅业务；<br>（b）除财务信息审计或审阅外，至少一项鉴证业务。 | | | | |
| 14. 注意在档案检查过程中发现的所有重大缺陷。如果存在重大缺陷，它们代表了必须得到更正的制度缺陷吗？或者在遵守会计师事务所政策方面失败了吗？ | | | | |
| 15. 被检查的档案不应当包括监控人员作为项目合伙人或质量控制复核人员参与的业务档案。如有这种情形，应当委派替代人选实施监控（要求在本附录的表格中记录对此种情形作出的应对）。 | | | | |
| 16. 在执行上述程序后，监控人员已确定不需要对质量控制制度或相关记录作出重大修改。<br>如果需要修改质量控制制度，向合伙人出示已编制的报告，该报告包括建议或要求作出的修改。有证据支持修改制度，以便提出建议。 | | | | |
| 17. 考虑并应对下列情形：<br>（a）已考虑相关证据，这些证据表明反对或没有采纳建议的修改或接受建设性的评述； | | | | |

| | 是 | 否 | 不适用 | 评述 |
|---|---|---|---|---|
| （b）看起来不存在反对或不采纳建议的情况；<br>（c）向执业人员、合伙人或外部专家进行咨询，复核相关修改或评述建议是否恰当。 | | | | |
| 18. 已考虑在会计师事务所法律、合同及职业责任方面观察到的错误、遗漏、争论或违规行为，并向合伙人进行相应报告。 | | | | |
| 19. 已编制并向会计师事务所的适当合伙人发送报告，该报告包括已执行的程序、执行程序发现的情况以及相应的建议。已与合伙人就该报告进行讨论，他们同意实施相关建议并将发现的情况和建议告知适当的合伙人和其他员工，或者如果他们不同意上述做法，他们已就利用会计师事务所解决意见分歧的过程并记录相关结果达成一致意见。 | | | | |

# 附录 H

【会计师事务所的名称】

## 监控报告
## 【监控人员的姓名】

【签发日期】

【会计师事务所的名称】

## 概要

ISQC1.48 规定：

48. 会计师事务所应当制定监控政策和程序，以合理保证与质量控制制度相关的政策和程序具有相关性和适当性，并正在有效运行。监控过程应当：

（1）持续考虑和评价会计师事务所的质量控制制度，包括周期性地对每个项目合伙人至少检查一项已完成的业务；

（2）要求委派一个或多个合伙人，或会计师事务所内部具有足够、适当经验和权限的其他人员负责监控过程；

（3）要求执行业务或实施项目质量控制复核的人员不参与该项业务的检查工作。（参见：第 A64 – A68 段）

**【会计师事务所的名称】**

## 监控问卷调查表

监控报告主要包括对下列问题的答复。对于每一个回答“否”的问题，请在你向负责质量控制的合伙人提交的报告中，提出你的观察、结论和建议（如适当）。

| | 是 | 否 | 不适用 | 评述 |
|---|---|---|---|---|
| 1. 对会计师事务所质量控制制度的管理职责已被委派给拥有充分、适当经验和权限的合伙人或其他人员吗？ | | | | |
| 2. 会计师事务所有书面的质量控制手册（QCM）或政策吗？ | | | | |
| 3. 书面质量控制手册的内容在所有方面符合 ISQC1 的要求或该国家或地区的其他适当要求吗？ | | | | |
| 4. 已将会计师事务所质量控制手册与 ISQC1 要求（或该国家或地区的其他适当要求）的比较结果传达给会计师事务所内部对质量控制制度承担责任的人员（包括遗漏或不恰当的政策、程序和记录）吗？ | | | | |
| 5. 针对每个合伙人，至少挑选一项业务进行检查了吗？ | | | | |
| 6. 对于被复核的业务，你（作为监控人员）确信你既不是该业务项目组的成员，又不是质量控制复核人员（QCR）吗？ | | | | |
| 7. 发现了看起来是系统性的、反复出现的或其他需要及时纠正的重大缺陷吗？ | | | | |
| 8. 有证据表明会计师事务所出具的报告可能是不恰当的吗？ | | | | |

| | 是 | 否 | 不适用 | 评述 |
|---|---|---|---|---|
| 9. 有证据表明要求的业务程序未得到执行吗? | | | | |
| 10. 已采用书面形式，将所有缺陷向会计师事务所内部对质量控制制度承担责任的合伙人报告了吗? | | | | |
| 11. 已确定所有重大缺陷的产生原因吗? | | | | |
| 12. 对于复核的档案，已完成恰当的档案检查核对表并在记录中予以保存了吗? | | | | |
| 13. 有证据表明，会计师事务所内部对质量控制制度承担责任的合伙人已每年至少一次，向适当的合伙人及其他人员传达上年执行的监控程序、执行监控程序得出的结论以及对系统性的、反复出现的或其他重大缺陷及采取的纠正行动的描述吗? | | | | |

## 监控报告

致：（会计师事务所内部对质量控制制度承担责任的合伙人）
复核始于__________（开始日），止于__________（结束日）
复核涵盖的期间：从__________（开始日）至__________（结束日）
接受档案复核的个人执业人员/合伙人的姓名：

______________________________

______________________________

______________________________

我已受派/受托为会计师事务所实施监控检查，包括复核质量控制政策，以及针对每个合伙人至少复核一项业务。

对会计师事务所质量控制制度的管理职责看起来【被/没有被】委派给拥有充分、适当经验和权限的合伙人或其他人员。

（如果结论是负面的，插入解释。）

______________________________

______________________________

______________________________

1. 会计师事务所【存在/不存在】书面的质量控制手册（QCM）或质量控制政策和程序。

   （如果书面的质量控制手册不完整，插入对质量控制制度承担责任的合伙人提供的解释。）

______________________________

______________________________

______________________________

2. 我认为，书面质量控制手册的内容在所有相关方面【符合/不符合】ISQC1 的要求【或该国家或地区的其他适当要求】

______________________________

______________________________

______________________________

3. 在你的质量控制手册中，我【发现/没有发现】下列遗漏或不恰当的政策、程序或记录。

______________________________

______________________________

______________________________

4. 我【发现/没有发现】有证据表明，会计师事务所内部对质量控制制度承担责任的合伙人已每年至少一次，向适当的合伙人及其他人员传达上年执行的监控程序、执行监控程序得出的结论，以及对系统性的、反复出现的或其他重大缺陷及采取的纠正行动的描述。

________________________________________

________________________________________

________________________________________

5. 针对每个合伙人，我已复核至少一项业务。
   对于复核的业务，我证明我既不是该业务项目组的成员，也不是质量控制复核人员。
   插入挑选的每项业务的细节（包括合伙人的姓名、业务类型、客户名称及财务年度截止日）：

________________________________________

________________________________________

________________________________________

6. 在业务档案中，我【发现/没有发现】看起来是系统性的、反复出现的或其他需要及时纠正的重大缺陷。
   插入发现的上述缺陷的细节：

________________________________________

________________________________________

________________________________________

7. 我【发现/没有发现】有证据表明会计师事务所出具的报告可能是不恰当的。
   插入表明出具的报告可能是不恰当的证据的细节：

________________________________________

________________________________________

________________________________________

8. 我【发现/没有发现】有证据表明 ISA 或会计师事务所要求的业务程序未得到执行。
   插入表明要求的业务程序未得到执行的证据的细节，包括对相关要求的提及：

________________________________________

________________________________________

________________________________________

9. 我已向会计师事务所内部对质量控制制度承担责任的合伙人报告了我在复核过程中发现的所有缺陷及其产生的原因。

________________________________________

________________________________________

________________________________________

10. 对于复核的档案，我已完成恰当的档案检查核对表并将其作为附录附于本报告。

_______________________________________________

_______________________________________________

_______________________________________________

# 质量控制手册范例
## ——无专业员工的个人会计师事务所

### 样板手册——为谁制定？你如何使用？

本样板手册为个人会计师事务所提供建议的政策和程序，旨在帮助个人会计师事务所按照 ISQC1 的要求，建立并实施质量控制制度。本手册的内容应当予以复核并调整，以适合每个个人会计师事务所的具体情况。个人会计师事务所应当修改本手册中用于代表领导职务的缩略词，以反映个人会计师事务所内部使用的职务名称。ISQC1 和《国际质量控制、审计、审阅、其他鉴证及相关服务公告手册》界定的术语在本手册中有着相同的含义。

本手册所称“员工”是指执行与业务相关的技术任务，以支持个人会计师事务所的人员，但不包括只执行非技术工作的行政人员。

# 目　　录

## 总体政策说明

个人会计师事务所的目标是建立、实施、保持、监控并强制执行质量控制制度，该质量控制制度至少要满足国际质量控制准则第 1 号“会计师事务所对执行财务报表审计和审阅、其他鉴证和相关服务业务实施的质量控制”（ISQC1）**【或类似的职业准则和会计师事务所所在国家或地区适用的法律法规】**的要求。质量控制制度旨在合理保证个人会计师事务所及其人员遵守职业准则和适用的法律法规的规定，个人会计师事务所或个人单干的执业注册会计师出具适合具体情况的报告。

---

插入详细描述会计师事务所宗旨和/或目标的文件。请参见本指南“总体政策说明”对可能包括的资料提供的指引。

---

### 个人会计师事务所及其员工的总体作用与责任

个人单干的执业注册会计师对质量控制制度拥有最终的权限并承担责任。

对个人会计师事务所而言，最重要的要求就是对质量的承诺，鼓励并宣传那些严格遵守要求的人员。

个人会计师事务所及其每位员工都有责任实施会计师事务所的质量控制制度（责任程度不同）。

个人会计师事务所的价值观包括**【说明个人会计师事务所文化所反映的共同价值】**。

个人会计师事务所及其员工都要遵守下列指引：

- 职业道德与服务质量至上，对商业利益的考虑不能超越所执行业务的质量；
- 阅读、理解并遵守 IESBA 守则[①]；
- 了解个人执业人员和员工对识别、披露和记录对独立性的不利影响应负的责任，以及了解为处理识别出的不利影响而遵循的过程；
- 避免可能（或看起来可能）损害独立性的情形；
- 遵守持续职业发展要求，包括保存记录作为相应证据；
- 与现行职业发展、适用的财务报告框架和鉴证准则（例如，IFRSs 和 ISAs）、披露和会计实务、质量控制、会计师事务所标准以及相关行业和

---

① 或会员团体的道德规范。

特定客户的发展保持同步；

- 向个人单干的执业注册会计师和员工提供有礼貌的帮助，当别人需要和请求时，通过分享知识和经验帮助他们，提高为客户服务的质量；
- 保持时间记录（定期进入个人会计师事务所的计时和账单系统），以追踪和识别在业务和办公活动上花费的时间（包括应收费的和不应收费的）；
- 采取防范措施，正确使用并维护办公设备和电脑设备（包括网络和沟通资源）以及其他共享资产。这包括考虑道德问题、客户保密性和隐私性，仅为适当的商业目的而使用个人会计师事务所的技术资源；
- 维护个人会计师事务所和客户数据、商业及客户信息以及安全和保密的私人信息；

---

插入会计师事务所的保密确认函样板。

---

- 确信已按照适当的信息存储程序（如适用），将会计师事务所生成的有关客户或会计师事务所的电子信息保存至个人会计师事务所的网络；
- 将观察到的违反个人会计师事务所质量控制、道德要求（包括独立性要求）、保密要求，或不恰当使用会计师事务所资源（包括网页和 e－mail 系统）的重大行为告知个人单干的执业注册会计师；
- 当给出专业建议或遇到专业建议请求时，对与客户进行的所有重大联系进行记录并予以恰当保存；
- 对所有重大的咨询、讨论、分析、解决办法、与处理对独立性产生的不利影响相关的结论、疑难问题或争议事项、意见分歧以及利益冲突进行记录并予以恰当保存；
- 遵守个人会计师事务所在工作时间、出勤、行政管理、按时完成任务及质量控制方面的实务标准。

---

插入期望的额外指南。请参见本指南“总体政策说明”对可能包括的资料提供的指引。

---

# 1. 对业务质量承担的领导责任

## 1.1 高层的基调

个人单干的执业注册会计师决定与专业实务相关的所有关键问题。

个人单干的执业注册会计师负责领导和促进形成重视质量控制的内部文化，并负责提供和保持本质量控制手册以及所有必要的其他实务帮助和指引，以支持高质量的业务。

个人单干的执业注册会计师负责确定个人会计师事务所的经营和报告结构。此外，个人会计师事务所应当每年或定期委派有资格的员工对质量控制制度要素承担保持记录和其他行政管理责任。不过，个人单干的执业注册会计师对这些职能承担最终责任。

所有对质量控制制度承担特定责任和义务的人员应当拥有履行职责所需的充分、适当经验、能力及必要权限。

## 1.2 领导职务

本质量控制手册提及会计师事务所内部的各种领导职务。个人单干的执业注册会计师承担几种不同的职责。不过，人力资源职责可以由拥有恰当资格的员工承担，项目质量控制复核人员（QCR）则是有适当资格的外部人员。

SP（个人单干的执业注册会计师）。个人单干的执业注册会计师是指会计师事务所的所有者和管理者。

QCR（质量控制复核人员）。质量控制复核人员是指履行项目质量控制复核职能的所有专业人员。

HR①（人力资源管理者）。人力资源管理者是指对所有人力资源职能承担责任的人员，人力资源职能包括保持与会员收费和持续职业发展等职业责任相关的记录。

---

① 个人单干的执业注册会计师也可能承担部分或全部人力资源职责。

## 2. 相关道德要求

个人会计师事务所及其人员应当遵守相关道德要求，至少包括国际会计师职业道德准则理事会“职业会计师道德守则”（IESBA 守则）提出的要求，以及当地所有额外的法规要求。

个人单干的执业注册会计师认可道德领导者的价值并履行其职责。

个人单干的执业注册会计师期望所有员工保持对 IESBA 守则内容的最新了解。这要求所有员工履行个人责任，定期复核 IESBA 守则的内容。

### 2.1 独立性

个人单干的执业注册会计师与所有员工都必须与其鉴证客户和业务保持实质上的独立性和形式上的独立性。

下列规定提出的独立性要求都应当得到遵守：

- IESBA 守则，尤其是第 290 节和 291 节；
- ISQC1；
- 当地所有额外的要求。

如果采取适当的防范措施不能消除对独立性产生的不利影响或将其降至可接受的水平，个人会计师事务所应当解除对独立性产生不利影响的活动、利益或关系，或者拒绝接受或保持业务关系。

个人单干的执业注册会计师负责且必须确信恰当地解决对独立性产生的不利影响。

个人单干的执业注册会计师和员工都要复核其所处的特定情形，以识别可能对独立性产生的任何不利影响。员工将识别出的不利影响告知个人单干的执业注册会计师。

个人会计师事务所必须记录识别出的不利影响的细节，包括涉及客户的关系或具体情况，以及采取的防范措施。

所有员工每年都要向个人会计师事务所提交其理解并已遵守 IESBA 守则第 290 节和 291 节的规定以及个人会计师事务所独立性政策的书面确认函。

受派执行鉴证业务的员工应当向个人单干的执业注册会计师确认，他们与客户和业务保持独立，或已将对独立性产生的任何不利影响告知个人单干的执业注册会计师，以便能够采取适当的防范措施。

如果知悉鉴证业务项目组的任何成员在披露期间提供了 IESBA 守则第 290 节和 291 节或其他当地要求禁止的服务，该服务可能导致个人会计师事务所不能完成鉴证业务，员工必须将这些情况告知个人会计师事务所。

个人会计师事务所应当采取所有必要和可能的合理行动，消除对独立性的不利影响或将其降至可接受的水平。这些行动可能包括：

- 替换项目组的成员；
- 停止或更换在鉴证业务中执行的特定类型工作或服务；
- 不再拥有经济利益或所有者利益；
- 停止或改变与客户的个人关系或商业关系；
- 由外部职业会计师或其他员工对工作实施特殊复核；
- 根据具体情况采取适当的其他合理行动。

#### 2.1.1 长期执行公众利益实体的审计业务

个人单干的执业注册会计师和员工必须遵守 IESBA 守则第 290 节及当地所有额外要求有关对公众利益实体的所有审计业务实施强制轮换的规定。

按照 IESBA 守则（第 290.151 段）的规定，如果审计客户属于公众利益实体，且参与该客户业务的个人单干的执业注册会计师或质量控制复核人员已达**【说明个人会计师事务所政策规定的任职年限，不超过七年】**，则直到任期结束**【一段期间，不短于两年】**后，这些人员才能再次执行该业务。

在极其特殊的情况下，由于出现超出会计师事务所控制的无法预见的情形，个人的连任对审计质量特别重要，这时可能有必要允许某种程度的灵活性。在这种情形下，会计师事务所将采取类似的防范措施，将所有不利影响降至可接受的水平。这些防范措施至少包括利用与审计项目组无关的专业人员（很可能是有适当资格的外部人员）复核审计项目组已执行的工作。不建议或不要求轮换的情形应当具有说服力。

不过，对于个人会计师事务所而言，轮换也许不是可行的防范措施。按照 IESBA 守则（290.155 段）的规定，如果相关国家或地区的独立监管者为此类情形下的合伙人轮换提供豁免，按照这一法规，若独立监管者已详细规定了可用的替代防范措施（如定期的独立外部复核），个人可以担任关键审计合伙人达七年以上。

#### 2.1.2 非上市实体审计业务的人员轮换

对于非上市实体，如果认为有必要实施轮换，个人会计师事务所将识别替代人选，并详细规定个人不应参与该实体审计的期限，以及遵守所有其他相关要求所必需的防范措施。

# 3. 客户关系和具体业务的接受与保持

## 3.1 接受或保持

只有拥有执行业务的素质（包括时间和资源），能够遵守道德要求，且已考虑（潜在）客户的诚信，没有信息表明（潜在）客户缺乏诚信，个人会计师事务所才能接受新业务或保持现有业务和客户关系。

个人单干的执业注册会计师必须按照个人会计师事务所的政策和程序，批准并签署接受或保持业务的决策。

### 3.1.1 潜在的新客户

在签发客户承接提议之前，应当执行并记录对潜在客户的评价以及经过授权的批准程序。评价过程包括：

- 评估与客户相关的风险；
- 询问适当的人员及第三方（包括前任会计师事务所）。

个人会计师事务所也可能搜索客户的背景信息，如利用容易获取的在线信息等。

一旦决定接受新客户，个人会计师事务所应当遵守相关道德要求（如在会员团体道德规范有要求的情况下，与前任会计师事务所进行沟通），并准备业务约定书要求新客户签署。

### 3.1.2 现有客户

对于每项持续进行的业务，个人会计师事务所要求复核已记录的客户保持情况，以便在上期业务和对持续业务进行计划的基础上，确定继续为该客户提供服务是否恰当。复核过程也包括考虑任何轮换要求。

### 3.1.3 潜在的新客户和现有客户

在考虑是否接受或保持某项业务时，个人会计师事务所应当考虑：

- 个人单干的执业注册会计师及员工是否或能否合理拥有执行业务所需的足够的胜任能力（这包括了解行业状况和业务对象，熟悉法律法规或报告要求）；
- 能够聘请到所需的任何专家；
- 项目质量控制复核人员的识别和可获得性（如果需要）；
- 计划使用另一个审计师或会计师的工作（包括必要时与会计师事务所的其他办事处或网络事务所的合作）；
- 在提交业务报告的最后期限内完成业务的能力；

- 是否存在现实或潜在的利益冲突；
- 是否采取或能够采取防范措施，将识别出的对独立性的不利影响降至可接受的水平；
- （潜在的）客户的管理层、治理层以及能够控制或对客户施加重大影响的人员的素质，包括其诚信、胜任能力、商业信誉（这包括考虑与客户相关的诉讼或负面新闻）以及现在和过去与会计师事务所合作的经历；
- 这些人员和团体对内部控制环境的态度，以及他们对有关会计准则的偏激或不恰当解释的看法（包括考虑以前出具的非无保留意见报告及其性质）；
- 客户的经营性质，包括其业务和财务健康状况；
- 客户是否施加压力，要求个人会计师事务所将收费维持在不合理的低水平；
- 个人会计师事务所是否预计工作范围受到限制；
- 是否存在刑事犯罪活动的迹象；
- 前任会计师事务所所做工作的可靠性，以及前任会计师事务所如何回复与之进行的沟通（这包括了解客户解聘前任会计师事务所的原因）。

---

插入个人会计师事务所特殊政策或接受标准。请参见本指南 3.2 节的指引。

---

如果个人会计师事务所在接受或保持业务后获知了某项信息，而该信息若在接受或保持业务前获知，可能导致会计师事务所拒绝该项业务，个人会计师事务所必须考虑是否继续执行该业务，并就其所处状况和选择获取法律意见，以确信满足所有相关的职业要求和法律法规要求。

### 3.2 解除业务或客户关系

如果考虑解除业务或客户关系，个人会计师事务所应当遵守下列过程：

（1）个人会计师事务所将与客户管理层和治理层讨论根据相关事实与情况，可能采取的行动。

（2）如果最终认为解除业务或客户关系是恰当的，个人会计师事务所将记录导致解除业务约定的重大事项，包括咨询的结果、得出的结论和得出结论的依据。个人会计师事务所还将考虑是否存在职业或法律法规义务，需要向任何相关权力机构报告解除业务的行动。

（3）如果职业规定或法律法规强制要求个人会计师事务所保持现有业务，个人会计师事务所应当记录保持业务的理由，包括考虑向法律顾问进行咨询。

# 4. 人力资源

个人会计师事务所在所有人力资源问题上认可人力资源管理者的价值和权限。人力资源管理者有责任：

- 维护并执行人力资源政策，合理保证个人会计师事务所拥有足够的具有胜任能力和必要素质并承诺遵守道德要求的人员，以便：
  - 按照职业准则和适用的法律法规的规定执行业务；
  - 会计师事务所或个人执业人员能够出具适合具体情况的报告；
- 识别劳动法和相关法规导致的政策变化，保持市场竞争力；
- 为有关人力资源事项提供指引和咨询；
- 维护业绩评价鉴定制度；
- 按照要求，根据具体情况提出适当的特定行动或程序的建议（如惩戒、招聘等）；
- 制定并定期监控针对所有人员的年度培训和职业发展计划；
- 制定并发放入职培训资料；
- 维护人事档案（包括每年的独立性确认函、保密协议、培训和持续职业发展报告）。

## 4.1 招聘和留住人才

个人会计师事务所与人力资源管理者必须评估专业服务的要求，以确信具备满足客户需求所需的必要素质和胜任能力。通常包括对每个期间的业务需求进行详细预测以识别业务需求的高峰期和可能发生的资源短缺。

人力资源管理者使用与招聘相关的申请、面试和记录过程。

人力资源管理者在寻找应聘人员时应当考虑的事项包括：

- 验证学术证明和职业证书，核查推荐信；
- 及时明确候选人简历的缺陷；
- 考虑信用和刑事犯罪记录检查；
- 向候选人明确会计师事务所要求他们以书面形式，每年并针对每项鉴证业务说明其是否保持独立且不存在利益冲突；
- 告知候选人，他们需要签署与了解并遵守会计师事务所保密政策相关的确认函。

---

插入会计师事务所有关招聘的特殊政策或程序。请参见本指南第 4.2 节的指引。

---

个人会计师事务所要求人力资源管理者根据实际情况，在聘期开始后尽早向所有新进人员提供入职信息。入职资料包括会计师事务所的整套政策和程序。所有新员工的试用期为【**规定期限**】。

个人会计师事务所努力为员工提供职业发展机会，以留住有胜任能力的员工，保持个人会计师事务所的持续发展。

个人会计师事务所定期复核招聘方案的有效性并对当前资源需求进行评估，以确定是否需要对方案进行修改。

### 4.2 培训和持续职业发展（CPD）

个人会计师事务所及员工必须满足【**说明所在国家或地区或会员团体的要求**】提出的最低持续职业发展要求，以及识别出的适合人员层次和责任的所有额外培训需求。

参加外部职业发展课程必须经过人力资源管理者的批准。

个人会计师事务所及其员工负责保持自身的职业发展记录（如适用，遵守会计师事务所的指引）。个人会计师事务所或人力资源管理者每年收集并复核这些记录，以确信要求的培训和持续职业发展已得到执行，并确定恰当的行动应对任何不足之处（如相关）。

### 4.3 项目组的委派

通过其政策和程序，个人会计师事务所能够确信对每项业务委派恰当的员工（从单个看和整体看）。个人单干的执业注册会计师的职责在本手册第 5.1 节及会计师事务所提供的业务模板中得到明确规定。个人单干的执业注册会计师还负责确信受委派的个人和项目组整体拥有按照职业准则和会计师事务所质量控制制度执行业务所需的必要胜任能力。

在确定对业务委派恰当人员时，需要特别关注这些人员的技术知识、资格与经验。与客户的持续合作及轮换要求之间的平衡也要予以考虑。

个人会计师事务所将规划初级人员和高级人员之间的辅导机会，以引导经验较少人员的发展。

### 4.4 质量控制政策的强制执行（惩戒）

个人会计师事务所的质量控制制度所要求的不只是有效的监控。强制执行程序必不可少，包括对违规行为、漠视、缺乏应有的关注、滥用职权和规避等行为的后果及更正程序。

个人单干的执业注册会计师对惩戒过程承担总体责任。更正行动通过协商而非独断的过程予以确定和管理。采取的更正行动将视情况而定。

不能容忍严重、有意和重复地违反或漠视个人会计师事务所政策和职业规定的行为。必须采取恰当的步骤更正违规员工的行为，或终止其与会计师事务所的关系。

个人会计师事务所采取的更正行动取决于具体情况。这些行动可能包括但不限于：

- 与涉及的人员面谈，以明确事实并讨论违规原因和解决办法；
- 提供建议或指导；
- 进行后续面谈，以确信遵守情况得到改进，或提醒涉及的员工如不改正，将采取更严厉的更正行动，以保护客户和会计师事务所的利益，如：
  - 申斥（口头或书面）；
  - 强制要求完成界定的持续职业发展；
  - 在人事档案中留下相关书面记录；
  - 停职；
  - 解聘；
  - 向职业协会的惩戒委员会提交正式的通知。

---

插入会计师事务所与惩戒相关的特殊政策或程序。请参见本指南第 4.5 节的指引。

---

## 4.5 奖励守规行为

在对单个员工进行持续评价和定期计划的人事考核过程中，对个人会计师事务所政策的遵守情况都将是需要突出考虑的因素。

恰当的权重将被赋予评估工作业绩和确定薪酬水平、奖金、晋升、职业发展及在会计师事务所内部的权限时识别出的特征值。在这些权重值中，应当突出考虑质量。

定期执行的业绩鉴定通常包括个人会计师事务所政策界定的表格和内容。

---

插入会计师事务所的业绩评价样板。

---

## 5. 业务执行

通过既定的政策和程序及质量控制制度，个人会计师事务所要求按照职业准则和适用的法律法规的要求执行业务。

个人会计师事务所的总体制度旨在合理保证员工能够充分、正确地计划、监督和复核业务，并出具适合具体情况的业务报告。

为了便于员工按照职业准则和法律法规的要求一贯地执行业务，个人会计师事务所提供用于记录客户业务过程的工作底稿样板。这些模板应及时更新，以反映职业准则的任何变化。员工使用这些模板来记录关键事实、风险以及关于每项业务的接受或保持的评估。个人会计师事务所鼓励员工在修改这些模板以确信每项业务中这些事项都按照职业准则和会计师事务所的政策得到恰当记录和评估时，运用职业判断。

还可获得的资料包括研究工具和参考资料，本手册中的质量控制制度，恰当的行业标准软件和硬件工具（包括数据和系统的安全接触），指引、培训和教育政策及方案（包括为遵守**【说明适用的国家或地区】**职业发展要求提供的支持性资料）。

监督和复核责任应当由个人会计师事务所确定，并可能随着业务的不同而不同。复核责任应当在由项目组内经验较多人员复核经验较少人员执行工作的基础上予以确定。复核人员应当考虑项目组是否已经：

- 将个人会计师事务所的模板以及软件、研究工具和有关业务的适当签发程序用于（适当时可改编）底稿编制、记录和回复；
- 遵循并遵守职业及会计师事务所的道德政策；
- 按照行业和会计师事务所的标准，以应有的关注执行工作；
- 充分、适当地记录他们的工作、分析、咨询及得出的结论；
- 保持客观性和适当独立性，及时、有效地完成工作，并有组织、系统、完整、清楚地记录他们的工作；
- 确信所有的工作底稿、文件记录和备忘录以及就疑难问题或争议事项进行的适当咨询都得以生成、恰当地交叉索引并签署日期；
- 确信明确制定并记录恰当的客户沟通、声明、复核及责任；
- 确信业务报告反映了已执行的工作和预期目的，并在外勤工作结束后迅速出具。

### 5.1 个人单干的执业注册会计师作为项目领导者的职责

项目领导者负责签署业务报告。作为项目组的领导，个人单干的执业注册会计师对下列方面承担责任：

- 每项业务的整体质量；
- 对与客户保持独立性要求的遵守情况形成结论，同时，获取必要信息以识别对独立性产生的不利影响，采取行动消除该不利影响或采取适当的防范措施将其降至可接受的水平，确信完成了恰当的记录；
- 确信已遵守有关客户关系接受与保持的适当程序，得出的相关结论是适当的并已得到记录；
- 确信项目组整体上具备按照职业准则和法律法规的要求执行业务的适当胜任能力和素质；
- 按照职业准则和适用的法律法规的要求监督或执行业务，确信出具的报告适合具体情况；
- 将个人执业人员作为项目领导者的身份和作用告知客户管理层和治理层的关键成员；
- 通过复核底稿及与项目组进行讨论，确信已获取适当的证据，作为得出结论和出具报告的基础；
- 通过就疑难问题或争议事项进行适当的咨询（内部和外部），承担对项目组的责任；
- 确信质量控制复核人员按照职业准则或个人会计师事务所的政策予以委派；与项目质量控制复核人员讨论执行业务过程中出现的以及在实施项目质量控制复核时识别的重大事项；只有完成复核，才能签署报告。

### 5.2 咨询

个人会计师事务所鼓励项目组之间以及就重大事项向会计师事务所内部其他人员和外部人员（经过授权）进行的咨询。内部咨询利用个人会计师事务所的整体经验和技术专长（或个人会计师事务所可获得的），以降低出错的风险，提高执业质量。咨询氛围可以改进个人单干的执业注册会计师或员工的学习与发展进程，增强个人会计师事务所的整体知识基础、质量控制制度和职业素质。

针对计划阶段或整个业务执行阶段识别的所有重大问题、疑难问题或争议事项，个人单干的执业注册会计师应当向有适当资格的外部人员进行咨询。**【个人单干的执业注册会计师可在此处列出与之有咨询协议的所有外部人员】**。

如果需要进行外部咨询，应当充分记录外部被咨询者的意见或职务，以便底稿的阅读者能够了解咨询性质的全部内容、外部被咨询者的资格和相关胜任能力，以及推荐的行动过程。

所有相关事实都应提供给外部专家，使其能够提出有见地的意见。在寻求咨询建议时，为了得到特别想要的结果而隐瞒事实或控制信息是不适当的。外部被咨询者通常与客户保持独立，不存在利益冲突，保持高度的客观性。

外部专家的建议通常作为争议事项的解决方法或解决方法的一部分而得到实施。如果没有实施咨询建议，或该建议与结论大不相同，建议个人单干的执业注册会计师提供记录了原因和考虑的替代方法的解释，以及咨询记录（或给出交叉索引）。

如果不止完成一项咨询，建议在工作底稿中增加对总体讨论和所提供不同意见或方案的概述。最终采用的意见或选择以及采用的理由也应当得到记录。

个人单干的执业注册会计师将对所有上述事项作出最终决定，并记录咨询及作出最终决定的理由。

### 5.3 意见分歧

在帮助更加容易、及时、非对抗性地解决争论或意见分歧时，个人单干的执业注册会计师和员工应努力做到客观、尽责、开放和理性。

发生争论或意见分歧的任何当事人都应通过与其他人进行讨论、研究和咨询，尝试用及时、专业、尊重和礼貌的方式解决问题。

个人单干的执业注册会计师将立即考虑问题并决定与有关各方协商如何解决该问题。同时，个人单干的执业注册会计师应将决定和作出决定的理由告知当事人。在所有情形下，执行业务过程中进行咨询的性质、范围及由此得出的结论都应当得到记录。

所有员工都受到保护，不会因为本着善意和将社会公众、客户、个人会计师事务所或合作者的真正利益放在心上，提醒大家注意合法的、重大的问题后，遭到任何形式的报复、职业限制或惩罚。

如果某人仍然对事项的解决感到不满，又无法从个人会计师事务所内部获得进一步的求助对象，该人员需要考虑事项的重要程度，以及他的职业责任和职务、或与个人会计师事务所的继续聘用关系。

争论或意见分歧应予以恰当记录。在任何情况下，只有问题得到解决，才能签署报告。

### 5.4 项目质量控制复核（EQCR）

所有业务都必须对照个人会计师事务所制定的标准予以评估，以确定是否应当实施项目质量控制复核。对于新客户关系，应当在接受业务之前进行评估；对于老客户，应当在业务的计划阶段进行评估。

个人会计师事务所的政策应当要求在签署业务报告之前，质量控制复核人员发现的所有问题得到满意的解决。

**对于上市实体的财务报表审计，只有完成项目质量控制复核，才能签署报告。**对需要实施项目质量控制复核的其他业务，只有完成项目质量控制复核，才能签署报告。

个人会计师事务所可能希望实施项目质量控制复核的情形举例如下：

- 如果由于个人单干的执业注册会计师与客户存在长期密切的私人关系或密切的商业关系而对独立性产生重大、反复发生的不利影响，该不利影响已通过以前采取其他防范措施降至可接受的水平，实施项目质量控制复核是防范措施的一部分；
- 已识别的涉及个人单干的执业注册会计师的独立性不利影响反复发生且被认为是重大的，但是实施项目质量控制复核可以合理地将这些不利影响降至可接受的水平；
- 业务对象与对特定公众或一般公众重要的组织有关；
- 大量消极的股东、等同权益单位持有人、合伙人、共同投资者、受益人或其他接受并依赖报告的类似人员；
- 识别出与接受或保持业务相关的特别风险；
- 对客户的持续经营能力存在疑虑，对第三方使用者（管理层除外）有潜在的重大影响；
- 对使用者的重大影响和风险涉及新的、非常复杂的专门化交易，如衍生工具和套期保值、股票薪酬、非常规金融工具，广泛使用对第三方使用者有重大潜在影响的管理层估计和判断；
- 客户是大型私人实体（或相关团体由同一个项目合伙人承担审计责任）；
- 客户支付的总费用占个人会计师事务所年度毛收入的比重很大（例如，超过10% ~15%）。

此外，可能还有因素导致业务已经开始后需要实施项目质量控制复核。这些因素可能包括下列情形：

- 在执行业务过程中，业务风险已经增加，例如，客户成为了收购的焦点；
- 项目组成员之间存在顾虑，认为报告在具体情况下不恰当；
- 识别出新的、重要的财务报表使用者；
- 客户面临业务接受过程中没有出现的重大诉讼；
- 执行业务过程中识别出的已更正和未更正错报的重要程度及处置情况存在问题；
- 与管理层就重大会计问题或审计范围限制存在不一致意见；
- 存在范围限制。

---

提供个人会计师事务所政策确定的其他标准清单。每个会计师事务所应当确定自己的质量控制复核标准。参见本指南第5.6节的指引。

---

### 5.4.1 项目质量控制复核的性质、时间安排和范围

即使业务满足标准，实施项目质量控制复核这一决策以及项目质量控制复核的范围将取决于业务的复杂程度和相关的风险。项目质量控制复核并不减轻个人单干的执业注册会计师对业务承担的责任。

项目质量控制复核最少包括：

- 与个人单干的执业注册会计师讨论重大问题；
- 复核财务报表或其他鉴证对象信息和报告草稿；
- 复核选取的与项目组作出重大判断和得出结论相关的业务工作底稿；
- 评价在编制报告时得出的结论，并考虑拟出具报告的恰当性。

项目质量控制复核人员应当使用标准化项目质量控制核对表，以完成复核并提供对该复核的恰当记录。

对于上市实体（和个人会计师事务所政策中包括的其他组织），项目质量控制复核也应当考虑：

- 项目组对与特定业务相关的个人会计师事务所独立性的评价；
- 是否已就意见分歧或其他疑难问题或争议事项进行恰当的咨询，以及咨询得出的结论；
- 选取用于复核的工作底稿是否反映了已执行的与作出重大判断相关的工作并支持得出的结论。

个人会计师事务所应当在报告发布前，最少留出**【插入按照个人会计师事务所政策确定的天数】**用于项目质量控制复核，其中留出两天用于整理复核及完成工作。业务规模越大、越复杂，留出来实施项目质量控制复核的时间自然必须越长。

项目质量控制复核完成前不得签署业务报告。

### 5.4.2 项目质量控制复核人员（QCR）

个人会计师事务所负责制定标准，为业务委派项目质量控制复核人员，并确定该人员的资格。

项目质量控制复核人员必须客观、独立，拥有充分的培训、经验、技术专长和权限，以及履行职责所需的能力和时间。适合于履行项目质量控制复核职责的候选人通常具备的特征包括在现行会计和鉴证准则方面具备较高的技术专长，拥有较高层次的丰富经验。

项目质量控制复核人员不能是项目组的成员，不能直接或间接复核自己的工作或作出与业务执行相关的重要决策。

项目组在业务执行过程中向项目质量控制复核人员进行咨询并非异常。只要个人单干的执业注册会计师（而非项目质量控制复核人员）作出最终决策，而且问题

不是特别重要，这种咨询通常不会损害质量控制复核人员的客观性。咨询过程能够避免在业务执行的后期产生意见分歧。

如果项目质量控制复核人员的客观性因为对特定问题提供咨询而受到损害，个人会计师事务所应当另行委派项目质量控制复核人员。

# 6. 监控

质量控制政策和程序是个人会计师事务所内部控制制度的关键部分。监控是质量控制制度的独特构成要素。它主要包括了解质量控制制度，并通过面谈、穿行测试、检查业务工作底稿及与质量控制制度运行相关的其他记录（例如，培训和持续职业发展记录，以及独立性确认函），确定质量控制制度是否以及在何种程度上有效设计并运行。监控也包括针对质量控制制度提出改进建议，特别是发现缺陷或职业准则和实务发生变化时。

个人会计师事务所应当将监控责任委派给有适当经验的独立人员（监控人员），很可能是外部人员。

个人会计师事务所和监控人员必须注意根据最近发展情况检查质量控制制度持续有效性的需求，以及通过业务工作底稿层次的正式监控来定期测试控制，以确信控制运行有效且未被处心积虑地避开或不如预期严格的需求。

个人会计师事务所和监控人员也将考虑**【插入相关职业联合会或协会的名称】**进行业务检查和执照发放时提供的任何反馈意见。不过，这不能替代个人会计师事务所自身的监控方案。

## 6.1 监控方案

对质量控制政策和程序实施情况进行监控的责任要与对质量控制承担的总体责任区分开来。

质量控制制度旨在合理保证重大的、持续发生的违反政策和质量控制的行为不可能发生或不被发现。监控方案的目的是帮助个人会计师事务所合理保证与质量控制制度相关的政策和程序是相关、充分且运行有效的。监控方案也旨在帮助确信个人会计师事务所遵守了实务和适用法律法规的复核要求。

个人单干的执业注册会计师和员工必须与监控人员合作，并认识到监控人员是质量控制制度的重要组成部分。意见分歧、不遵守或漠视监控人员发现的情况应通过个人会计师事务所的争论处理流程予以解决（见本手册第5.3节）。

实施复核的有适当资格的外部人员将按照个人会计师事务所的既定程序进行监控。

## 6.2 检查程序

每年将完成对个人会计师事务所质量控制制度的监控。作为监控方案的一部分，会计师事务所应当挑选已完成业务进行检查，挑选前可能不事先告知该项目组。

在计划检查时，监控人员将考虑前期监控的结果、员工权限的性质和范围、个人会计师事务所业务的性质及复杂程度以及与个人会计师事务所客户相关的特定风险。

个人会计师事务所要求监控人员编制恰当的检查记录，包括：

- 评价质量控制制度要素的结果；
- 对个人会计师事务所是否已恰当运用质量控制政策和程序进行的评价；
- 对出具的业务报告是否适合具体情况进行的评价；
- 对缺陷及其产生原因和影响的识别，对是否需要采取进一步行动作出的决策及对该行动的详细说明；
- 对结果和得出结论的概述（提交给个人单干的执业注册会计师），以及对更正行动或需要的变化提出的建议。

个人单干的执业注册会计师与监控人员（与其他适当人员一起）一起碰头，复核报告，并决定对制度、作用、责任、惩戒行动、认可及确定的其他事项作出更正行动或改变。

### 6.3 评价、沟通并更正已识别的缺陷

个人会计师事务所应当考虑已识别的缺陷是否表明质量控制制度存在结构性缺陷，或表明个人单干的执业注册会计师或特定员工违反了质量控制制度。个人会计师事务所也应当就监控人员发现并报告的所有缺陷以及对更正行动的建议与相关人员进行沟通。

处理已报告缺陷的建议应当着重于应对这些缺陷产生的原因，并应当包括下列一项或多项措施：

- 采取与某项业务或某个成员相关的适当补救措施（如下文第 6.4.1 节列出的措施）；
- 将发现的缺陷告知人力资源管理者；
- 改进质量控制政策和程序；
- 按照本手册第 4.4 节的规定实施惩戒。

如果个人会计师事务所看起来出具了不恰当的报告，或报告的业务对象包含了错报或是不正确的，个人会计师事务所应当确定为了遵守职业准则和法律法规的规定，采取何种进一步行动是适当的。在这种情况下，个人会计师事务所也应当考虑获取法律意见。

如果缺陷被认定是系统性或重复发生的，迅速采取更正行动将是必要的。在多数情况下，与独立性和利益冲突相关的缺陷要求立即采取更正行动。

### 6.4 对监控结果的报告

完成质量控制制度的评估以后，监控人员必须向个人单干的执业注册会计师报

告结果。该报告必须足以帮助个人会计师事务所在必要时采取迅速、适当的行动，还必须包括对已实施的监控程序作出的描述及实施监控程序得出的结论。如果注意到系统性的、重复出现的或其他重大的缺陷，该报告还必须包括对这些缺陷采取的或拟采取的整改措施。

监控报告至少包括：

- 对已实施的监控程序作出的描述；
- 实施监控程序得出的结论；
- 如果相关，对系统性的、重复出现的或其他重大的缺陷，采取的行动以及解决这些缺陷的进一步建议行动作出的描述。

---

插入个人会计师事务所监控报告的样板。

---

6.4.1 违规行为

违反个人会计师事务所质量控制制度的行为是很严重的问题，尤其是员工有意违反个人会计师事务所的政策。

由于质量控制制度生效后能够保护社会公众利益，个人会计师事务所必须透明、严厉地处理有意的违规行为。个人会计师事务所通常能够采取很多方式处理有意的违规行为，包括制定改进计划、业绩复核、重新考虑晋升和提高薪酬的机会以及最终终止聘用关系。

### 6.5 投诉和指控

个人单干的执业注册会计师处理针对会计师事务所已实施工作未能遵守职业准则和适用的法律法规的规定以及未能遵守会计师事务所质量控制制度而提出的所有投诉和指控事项。

投诉和指控是很严重的问题，尤其是员工针对彼此提出的，或客户提出的，与未能保持有关客户工作的关注责任，或其他违反职业或法律义务的行为。个人单干的执业注册会计师应当认真考虑将这些事项告知个人会计师事务所的职业责任保险公司或寻求法律意见。如果存在任何不确定性，个人单干的执业注册会计师应向值得信任的其他外部专业同事进行咨询。

客户或其他第三方提出的任何投诉将在实务工作中予以尽早回复，同时确认正在处理投诉事项，在进行恰当调查后会尽快给出答复。

个人会计师事务所保持既定的政策和相应的程序，详细说明如果出现投诉或指控应遵循的程序。

处理投诉和指控的过程使全体员工能够没有顾虑地提出关注的问题。

---

插入会计师事务所的特殊政策和程序，该政策和程序可能说明在这些情况下需遵循的过程。参见本指南第6.6节的指引。

---

如果调查发现会计师事务所质量控制政策和程序在设计或运行上存在缺陷，或发现一人或多人违反会计师事务所质量控制制度，个人会计师事务所应当采取包括下列一项或多项措施在内的适当行动：

- 采取与某项业务或某个成员相关的适当补救措施（如上文第6.4.1节列出的措施）；
- 将发现的缺陷告知人力资源管理者；
- 改进质量控制政策和程序；
- 按照本手册第4.4节的规定实施惩戒。

# 7. 记录

## 7.1 记录个人会计师事务所的政策与程序

个人会计师事务所制定政策和程序，规定所有业务的记录的详细程度和范围（正如个人会计师事务所手册或业务模板规定的要求），供全所使用。个人会计师事务所也要制定政策和程序，要求进行适当的记录，为个人会计师事务所质量控制制度每一要素的运行情况提供证据，对质量控制记录的保存期限足以使执行监控程序的人员能够评价质量控制制度的遵守情况，或根据法律法规的规定，将记录保留更长时间。

这些政策确信记录是充分、适当的，能够为下列方面提供证据：

- 遵守个人会计师事务所质量控制制度的每一要素；
- 与表明项目质量控制复核已在报告日或报告日之前完成的证据一起，支持每一个业务报告已按照职业准则和个人会计师事务所标准及法律法规的要求出具（如适用）。

## 7.2 业务记录

个人会计师事务所政策规定，业务记录应当包括：

- 业务计划核对表或备忘录；
- 识别出的有关道德要求的问题（包括对遵守情况的说明）；
- 遵守独立性要求，对与这些问题相关的所有讨论进行记录；
- 与客户关系的接受与保持相关的结论；
- 为评估因舞弊或错误导致的财务报表层次和认定层次的重大错报风险而执行的程序；
- 已执行的风险应对程序的性质、时间安排和范围，包括结果和结论；
- 咨询的性质、范围和得出的结论；
- 收发的所有沟通报告；
- 在报告日或报告日之前完成的项目质量控制复核的结果；
- 确认不存在将导致复核人员认为作出的重大判断和得出的结论是不恰当的尚未解决事项；
- 相关结论，表明已获取并评价充分、适当的审计证据，能够支持出具的报告；
- 关闭档案，包括适当的签署同意。

插入对业务记录的最低特殊要求。参见本指南第7.3节的指引。

个人会计师事务所的政策要求最终业务档案的归整工作应当在【**插入天数，通常不超过审计报告日后60天**】内完成。如果针对客户的同一业务对象信息出具两个或多个不同的报告，个人会计师事务所有关业务文件归档期限的政策将其视为不同的业务，分别进行归档。

任何业务工作底稿的保存期限必须不短于【**插入保存期限，通常自审计报告日起，或自集团审计报告日起（若迟于审计报告日），不短于五年**】，使实施监控程序的人员能够评价个人会计师事务所遵守内部控制制度的程度，同时还要满足职业准则和法律法规对个人会计师事务所提出的要求。

### 7.3 记录业务质量控制复核

个人会计师事务所聘请的实施项目质量控制复核的每个专业人员必须完成个人会计师事务所的标准化项目质量控制复核核对表，以便为复核已完成提供记录。这必须包括确认函和支持性证据或对其的交叉索引，证实：

- 有适当资格的外部人员已执行项目质量控制复核要求的程序；
- 在报告日或报告日之前完成了复核；
- 不存在引起项目质量控制复核人员注意的尚未解决事项，使其相信项目组作出的重大判断和得出的结论是不恰当的。

### 7.4 对档案的接触和保存

个人会计师事务所制定政策和程序以处理与业务工作底稿的保密、安全保管、完整性及使用和检索相关的工作。

这些政策应当包括考虑法律法规中的各种保存要求，以使业务档案的保存期限足够长，能够满足个人会计师事务所的需要。

所有的工作底稿、报告和个人会计师事务所编制的其他文件，包括客户编制的工作表，都是保密的，应当受到保护，防止未经授权接触这些记录。

复核工作底稿的所有外部请求必须经个人单干的执业注册会计师批准。

工作底稿不应提供给第三方，除非：

- 客户已经书面授权披露信息；
- 职业责任需要披露信息；

- 法律或司法进程要求披露信息；
- 法律法规要求披露信息。

除非法律禁止，在向他人提供工作底稿进行复核前，个人会计师事务所应当告知客户并获取其书面授权。

当潜在买家、投资者或借款人要求获取工作底稿进行复核时，必须向客户获取授权书。如果客户不愿授权进行任何必要的信息披露，个人会计师事务所应当寻求法律意见。

面临诉讼或潜在诉讼，或监管或行政管理程序时，未经个人会计师事务所的法律顾问同意，不得提供工作底稿。

个人会计师事务所的政策规定了下列每类文件的保存年限：

| | |
|---|---|
| 永久性档案 | ［**年数**］ |
| 税务文件 | ［**年数**］ |
| 财务报表和报告 | ［**年数**］ |
| 每年或定期工作底稿 | ［**年数**］ |
| 往来函件 | ［**年数**］ |

对前客户工作底稿和档案的最短保存期限应当是**【年限】**。

建议对存储在外部的所有档案保持可接触的永续记录，并对每一个存储器添加恰当的卷标，以便识别和检索。也建议由负责事务所管理的合伙人批准档案的销毁工作，并保持对所有销毁资料的永久记录。

### 7.5 投诉与指控

针对会计师事务所的投诉与指控应当同个人会计师事务所的处理情况一起予以记录。

# 附录：ISQC1 到质量控制手册的路径图

下表显示了 ISQC1 与质量控制手册相关节和段（在括号中显示）之间的相互关系。

| ISQC1 段落 | 质量控制手册节（段） | ISQC1 段落 | 质量控制手册节（段） |
|---|---|---|---|
| 1－10 | 没必要考虑① | 37 | 5.4.1（2） |
| 11 | 总体政策说明（1） | 38 | 5.4.1（4） |
| 12 | 封面（阴影） | 39 | 5.4.2 |
| 13－17 | 没必要考虑② | 40 | 5.4.2 |
| 18 | 1.1（2） | 41 | 5.4.2 |
| 19 | 1.1（4） | 42 | 7.3 |
| 20 | 2 | 43 | 5.3 |
| 21 | 2.1 | 44 | 5.3（6） |
| 22 | 2.1（4.5.6） | 45 | 7.2（2） |
| 23 | 2.1（8.9） | 46 | 7.4 |
| 24 | 2.1（7） | 47 | 7.4 |
| 25 | 2.1.1 和 2.1.2 | 48 | 6（1.2）、6.1（2）和 6.2（1） |
| 26 | 3.1 | 49 | 6.3（1） |
| 27 | 3.1.1－3.1.3 | 50 | 6.3（1） |
| 28 | 3.1.3（2）和 3.2 | 51 | 6.3（2） |
| 29 | 4 | 52 | 6.3（3） |
| 30 | 4.3 | 53 | 6.4 |
| 31 | 4.3（1） | 54 | 没必要考虑③ |
| 32 | 5 | 55 | 6.5 |
| 33 | 5（5） | 56 | 6.5（6） |
| 34 | 5.2 | 57 | 7.1 |
| 35 | 5.4 | 58 | 7.1 |
| 36 | 5.4.1 | 59 | 7.5 |

① 这些段落介绍了准则的范围、权限和生效日期。

② 这些段落隐含在手册及其内容中。

③ 本段仅适用于网络事务所。

# 质量控制手册范例
# ——拥有两到五个合伙人的会计师事务所

### 样板手册——为谁制定？你如何使用？

本样板手册为由两到五个合伙人组成的会计师事务所提供建议的政策和程序，旨在帮助这些会计师事务所按照 ISQC1 的要求，建立并实施质量控制制度。本手册的内容应当予以复核并调整，以适合每个会计师事务所的具体情况。会计师事务所应当修改本手册中用于代表领导职务的缩略词，以反映会计师事务所内部使用的职务名称。ISQC1 和《国际质量控制、审计、审阅、其他鉴证及相关服务公告手册》界定的术语在本手册中有着相同的含义。

本手册所称“员工”是指除合伙人之外的专业人员，包括会计师事务所聘请的专家。

# 目　录

## 总体政策说明

会计师事务所的目标是建立、实施、保持、监控并强制执行质量控制制度，该质量控制制度至少要满足国际质量控制准则第1号“会计师事务所对执行财务报表审计和审阅、其他鉴证和相关服务业务实施的质量控制”（ISQC1）**【或类似的职业准则和会计师事务所所在国家或地区适用的法律法规】**的要求。质量控制制度旨在合理保证会计师事务所及其人员遵守职业准则和适用的法律法规的规定，会计师事务所和项目合伙人出具适合具体情况的报告。

---

插入详细描述会计师事务所宗旨或目标的文件。请参见本指南“总体政策说明”对可能包括的资料提供的指引。

---

**全体合伙人和员工的总体作用与责任**

每个合伙人和员工都有责任实施事务所的质量控制政策（责任程度不同）。

对全体合伙人和员工而言，压倒一切的要求就是对质量的承诺，鼓励并宣传那些严格遵守要求的人员。

管理合伙人（MP）对质量控制制度拥有最终的权限并承担责任。（如果拥有两或三个合伙人的会计师事务所不太可能设置管理合伙人这种职位，管理合伙人的职责可能由管理委员会分担，或由所有合伙人每年或在其他基础上轮流担任。）

我们会计师事务所的共同价值包括**【说明会计师事务所文化所反映的共同价值】**。

全体合伙人和员工都要遵守下列指引：

- 将道德行为和服务质量放在首位，对商业利益的考虑不可以超越所执行工作的质量；
- 阅读、理解并遵守IESBA守则[①]；
- 了解合伙人和员工对识别、披露和记录对独立性的不利影响应负的责任，以及了解为应对和管理识别出的不利影响而遵循的过程；
- 避免可能（或看起来可能）损害独立性的情形；
- 遵守持续职业发展要求，包括保存记录作为相应证据；

---

① 或会员团体的道德规范。

- 与现行职业发展、适用的财务报告框架和鉴证准则（如 IFRSs 和 ISAs）、披露和会计实务、质量控制、会计师事务所标准以及相关行业和特定客户的发展保持同步；
- 向其他合伙人和员工提供有礼貌的帮助，当别人需要和请求时，通过分享知识和经验帮助他们，提高为客户服务的质量；
- 保持时间记录（定期进入会计师事务所的计时和账单系统），以追踪和识别在业务和办公活动上花费的时间（包括应收费的和不应收费的）；
- 采取防范措施，正确使用并维护办公设备和电脑设备（包括网络和沟通资源）以及其他共享资产。这包括仅为适当的商业目的而使用会计师事务所的技术资源，考虑道德问题、客户保密性和隐私性；
- 维护会计师事务所和客户数据、商业及客户信息以及安全和保密的私人信息；

---

插入会计师事务所的保密确认函样板。

---

- 确信已按照适当的信息存储程序，将会计师事务所生成的有关客户或会计师事务所的电子信息保存至会计师事务所的网络；
- 将观察到的违反会计师事务所质量控制、道德要求（包括独立性要求）、保密要求，或不恰当使用会计师事务所资源（包括网页和 e - mail 系统）的重大行为告知合伙人或管理者；
- 当给出专业建议或遇到专业建议请求时，对与客户进行的所有重大联系进行记录并予以恰当保存；
- 对所有重大的咨询、讨论、分析、解决办法、与处理对独立性产生的不利影响相关的结论、疑难问题或争议事项、意见分歧以及利益冲突进行记录并予以恰当保存；
- 遵守会计师事务所在工作时间、出勤、行政管理、按时完成任务及质量控制方面的标准实务。

---

插入特殊指引。请参见本指南“总体政策说明”对可能包括的资料提供的指引。

---

# 1. 对业务质量承担的领导责任

## 1.1 高层的基调

会计师事务所的合伙人决定与会计师事务所及其专业实务相关的所有关键问题。

合伙人负责领导和促进形成重视质量控制的内部文化，并负责提供和保持本质量控制手册以及所有必要的其他实务帮助和指引，以支持高质量的业务。

合伙人负责确定会计师事务所的经营和报告结构。此外，会计师事务所将每年或定期从合伙人或其他有资格的员工中委派人员承担对质量控制制度要素的责任。

对质量控制制度的总体责任被委派给管理合伙人（MP）。

所有对质量控制制度承担特定责任和义务的人员应当拥有履行职责所需的充分、适当经验、能力及必要权限。

## 1.2 领导职务

本质量控制手册提及会计师事务所内部的各种领导职务。只要所有人员能够清楚地理解每个合伙人的责任，合伙人可以承担一种以上的职责。这些职责界定如下：

MP（管理合伙人）。管理合伙人对监控所有其他领导职务执行工作的有效性承担责任。在中小规模会计师事务所，管理合伙人通常也负责所有投诉和指控事项（在拥有两个或三个合伙人的会计师事务所，合伙人可能更多或更少地同等分担管理合伙人的职能）。

QCR（质量控制复核人员）。质量控制复核人员是指履行项目质量控制复核职能的所有职业人员。

EL（道德领导者）。道德领导者是指为与道德（包括独立性、利益冲突、隐私性和保密要求）相关的所有问题提供咨询和答复的人员（即便在只有两个合伙人的会计师事务所，一个合伙人可能更了解并对道德规则和实务感兴趣；拥有三个到五个合伙人的会计师事务所适当地拥有更多员工，指定某特定人员负责合伙人或员工就道德问题进行的咨询是比较有价值的做法）。

HR（人力资源管理者）。人力资源管理者是指对所有人力资源职能承担责任的人员（不必是合伙人），人力资源职能包括保持与收费和持续职业发展等职业责任相关的记录。

## 2. 相关道德要求

会计师事务所及其人员应当遵守相关道德要求，至少包括国际会计师职业道德准则理事会“职业会计师道德守则”（IESBA 守则）提出的要求，以及当地所有额外的法规要求。

会计师事务所认可道德领导者（EL）在所有道德问题上的价值和权限。道德领导者有责任：

- 维护会计师事务所的道德政策；
- 识别所要求的与道德相关的政策变化（在每个监控报告形成后对此给予特别关注——见本手册第 6 节）；
- 向合伙人和员工提供有关道德问题的指引和咨询（如独立性和利益冲突）；
- 保持所有公众利益实体的客户清单（为独立性目的）；
- 监控对与所有道德问题相关的会计师事务所政策和程序的遵守情况；
- 向管理合伙人报告违反会计师事务所政策的情形；
- 协助人力资源管理者进行所有有关道德问题的培训。

### 2.1 独立性

合伙人和所有员工都必须与其鉴证客户及业务保持实质上的独立性和形式上的独立性。

下列规定提出的独立性要求都应当得到遵守：

- IESBA 守则，尤其是第 290 节和 291 节；
- ISQC1；
- 当地所有额外的要求。

如果采取适当的防范措施不能消除对独立性产生的不利影响或将其降至可接受的水平，会计师事务所应当解除对独立性产生不利影响的活动、利益或关系，或者拒绝接受或保持业务关系。

违反独立性要求的情形应当上报管理合伙人。

---

插入会计师事务所独立性确认函的表格样板。

---

### 2.1.1 责任——会计师事务所层次

会计师事务所应当对制定、实施、监控和强制执行政策和程序承担责任，这些政策和程序旨在帮助全体合伙人和员工了解、识别、记录和处理对独立性产生的不利影响，会计师事务所也应当对解决独立性问题承担责任。

道德领导者负责就识别出的所有违规行为与项目合伙人和其他相关人员进行沟通。道德领导者还必须负责确信恰当解决对独立性产生的、未能通过采取的防范措施予以恰当解决或降至可接受水平的不利影响，并向管理合伙人报告发现的违规行为。

道德领导者对维护数据库承担责任，该数据库提供需要与之保持独立性的全部客户的清单，因此，对这些客户进行投资是被禁止的。如果客户是公众利益实体，数据库将包括其关联方。数据库将易于全体合伙人和员工获取。

管理合伙人代表会计师事务所承担最终责任，因此，（如需要，在咨询其他合伙人后）拥有解决对独立性产生不利影响的最终决策权，包括：

- 辞聘特定业务或客户关系；
- 决定并采取特定防范措施、行动和程序，恰当处理对独立性产生的不利影响；
- 听取并调查鉴证业务项目组成员（或其他合伙人和员工）提出的尚未解决的独立性遵守问题；
- 确信恰当记录整个过程及对每一重大独立性问题的解决方法；
- 对违规行为实施惩戒；
- 提起并参加事先的计划措施，以帮助合伙人和员工避免并处理潜在的独立性问题；
- 安排特殊的咨询（如需要）；
- 制定并保持政策，要求全体合伙人和员工复核其所处的特定情形，并将可能对独立性产生的任何不利影响告知会计师事务所。

会计师事务所必须记录识别出的不利影响的细节以及采取的防范措施。

### 2.1.2 责任——合伙人和员工层次

会计师事务所期望全体合伙人和员工保持对 IESBA 守则中包含的规定的最新了解。这要求全体合伙人和员工对定期复核 IESBA 守则的内容承担个人责任。

全体合伙人和员工都要知悉并理解 IESBA 守则第 290 节和 291 节以及当地所有额外要求的规定。会计师事务所的独立性政策要求鉴证业务项目组的全体成员在执行所有鉴证业务并出具报告时都要满足这些规定。

全体合伙人和员工每年都要向会计师事务所提交其理解并已遵守 IESBA 守则第 290 节和 291 节的规定以及会计师事务所独立性政策的书面确认函。

全体合伙人和员工都要复核其所处的特定情形，以识别可能对独立性产生的任何不利影响并将识别出的不利影响告知道德领导者。

每个项目合伙人都应当向会计师事务所提供与客户委托业务相关的信息（包括服务范围），以使会计师事务所能够评价这些信息对保持独立性的总体影响（如有）。为便于做到这一点：

- 受派执行鉴证业务的每个合伙人或员工都应当向项目合伙人确认，他与客户和业务保持独立，或已将对独立性产生的任何不利影响告知项目合伙人，以便能够采取适当的防范措施。
- 如果知悉鉴证业务项目组的任何成员在披露期间提供了 IESBA 守则第 290 节和 291 节或当地其他要求禁止的服务，该服务可能导致会计师事务所不能完成鉴证业务，合伙人和员工必须将这些情况告知项目合伙人。

项目合伙人应当采取必要和可能的任何合理行动，消除对独立性的不利影响或采取恰当的防范措施将其降至可接受的水平。这些行动可能包括：

- 替换项目组的成员；
- 停止或更换在鉴证业务中执行的特定类型工作或服务；
- 不再拥有经济利益或所有者利益；
- 使项目组的成员不再参加与业务相关的任何重大决策制定过程；
- 停止或改变与客户的个人关系或商业关系；
- 由其他合伙人和员工对工作进行特殊复核；
- 根据具体情况采取适当的其他合理行动。

项目合伙人应当立即向会计师事务所报告为解决有关问题而采取的行动，以使会计师事务所能够决定是否应当采取进一步的行动。

在所有情况下，如果出现独立性问题需要进行进一步咨询和讨论以确定处理该问题的恰当方法，合伙人和员工应当向道德领导者提交情况说明。一旦确定，这些问题将得到记录。

如果对独立性问题的恰当处理或解决感到不满意，合伙人或员工应当告知管理合伙人。

### 2.1.3 高级人员（包括合伙人轮换）长期执行公共利益实体的审计业务

合伙人和员工必须遵守 IESBA 守则第 290 节及当地所有额外要求有关强制轮换的规定，这些规定要求针对所有公众利益实体的审计业务，强制轮换项目合伙人、项目质量控制复核人员，以及对与所有公众利益实体审计业务相关的重大事项作出关键决策或判断的其他合伙人。

按照 IESBA 守则（第 290.151 段）的规定，如果审计客户属于公众利益实体，且其关键审计合伙人任职时间已达**【说明会计师事务所政策规定的任职年限，不超**

**过七年】**，则直到任期结束**【一段期间，不短于两年】**后，该关键审计合伙人才能再次执行该业务。在极其特殊的情况下，由于出现超出会计师事务所控制的无法预见的情形，关键审计合伙人的连任对审计质量特别重要，这时可能有必要允许某种程度的灵活性。在这种情形下，会计师事务所将采取类似的防范措施，将所有不利影响降至可接受的水平。这些防范措施至少包括由另一个合伙人或与审计项目组无关的质量控制复核替代人员，对审计项目组已执行的工作实施特殊复核。不建议或不要求轮换的情形应当具有说服力。如果对独立性产生的、涉及项目合伙人或质量控制复核人员的重大不利影响反复发生，轮换是将不利影响降至可接受水平所必需的主要防范措施。

评估鉴证业务项目组的独立性是接受与保持客户这一程序的重要内容。如果评估认为需要对某个人员进行轮换，这个事项必须提交道德领导者。

如果事项提交给道德领导者，假定的情况是要求进行某种轮换。

在复核具体情况并向其他合伙人咨询后，道德领导者将尽快对是否有必要进行轮换作出书面决定。如认为有必要轮换，管理合伙人将委派新人选并提出任职期限及所有其他相关要求。

### 2.1.4 非上市实体审计业务的人员轮换

对于非上市实体，如果认为有必要轮换人员，道德领导者将识别替代人选，明确轮换期限及为遵守任何其他相关要求而需采取的其他防范措施。

## 3. 客户关系和具体业务的接受与保持

### 3.1 接受与保持

只有拥有执行业务的素质（包括时间和资源），能够遵守道德要求，且已考虑（潜在）客户的诚信，没有信息表明（潜在）客户缺乏诚信，会计师事务所才能接受新业务或保持现有业务和客户关系。

项目合伙人应当按照会计师事务所的政策和程序，批准并记录对业务的接受或保持。

#### 3.1.1 潜在的新客户

在签发客户承接提议之前，应当执行并记录对潜在客户的评价以及经过授权的批准程序。评价过程包括：

- 评估与客户相关的风险；
- 询问适当的人员及第三方（包括前任会计师事务所）。

会计师事务所也可能搜索客户的背景信息，如利用容易获取的在线信息等。

一旦决定接受新客户，会计师事务所应当遵守相关道德要求（如在会员团体道德规范有要求的情况下，与前任会计师事务所进行沟通），并准备业务约定书要求新客户签署。

#### 3.1.2 现有客户

对于每项持续进行的业务，会计师事务所要求复核已记录的客户保持情况，以便在上期业务和对持续业务进行计划的基础上，确定继续为该客户提供服务是否恰当。复核过程也包括考虑任何轮换要求。

#### 3.1.3 潜在的新客户和现有客户

如果考虑下列事项识别出高风险且没有另一个合伙人的书面同意，项目合伙人不应当批准接受新客户或保持现有客户：

- 合伙人及员工是否或能否合理拥有执行业务所需的足够的胜任能力（这包括了解行业状况和业务对象，熟悉法律法规或报告要求）；
- 能够聘请到所需的任何专家；
- 项目质量控制复核人员的识别和可得性（如果需要）；
- 计划使用另一个审计师或会计师的工作（包括必要时与会计师事务所的其他办事处或网络事务所的合作）；

- 在提交业务报告的最后期限内完成业务的能力；
- 是否存在现实或潜在的利益冲突；
- 是否采取或能够采取防范措施，将识别出的对独立性的不利影响降至可接受的水平；
- （潜在的）客户的管理层、治理层以及能够控制或对客户施加重大影响的人员的素质，包括其诚信、胜任能力、商业信誉（包括考虑与客户相关的诉讼或负面新闻）以及现在和过去与会计师事务所合作的经历；
- 这些人员和团体对内部控制环境的态度，以及他们对有关会计准则的偏激或不恰当解释的看法（包括考虑以前出具的非无保留意见报告及其性质）；
- 客户的经营性质，包括其业务和财务健康状况；
- 客户是否施加压力，要求会计师事务所将收费维持在不合理的低水平；
- 会计师事务所是否预计工作范围受到限制；
- 是否存在刑事犯罪活动的迹象；
- 前任会计师事务所所做工作的可靠性，以及前任会计师事务所如何回复与之进行的沟通（包括了解客户解聘前任会计师事务所的原因）。

---

插入会计师事务所特殊政策或接受标准。请参见本指南第 3.2 节的指引。

---

如果识别出与客户或业务相关的特别风险，项目合伙人应当与管理合伙人讨论该事项。会计师事务所要有正式的管理合伙人批准程序，还必须记录问题如何得到解决。如果涉及与道德相关的事项，道德领导者也必须对此进行批准。

如果会计师事务所在接受或保持业务后获知了某项信息，而该信息若在接受或保持业务前获知，可能导致会计师事务所拒绝该项业务，会计师事务所必须考虑是否继续执行该业务，并就其所处状况和选择获取法律意见，以确信满足所有相关的职业要求和法律法规要求。

### 3.2 解除业务或客户关系

如果考虑解除业务或客户关系，会计师事务所应当遵守下列程序：

（1）合伙人将与客户管理层和治理层讨论根据相关事实与情况，可能采取的行动。

（2）如果最终认为解除业务或客户关系是恰当的，会计师事务所将记录导致解除业务约定的重大事项，包括咨询的结果、得出的结论和得出结论的依据。会计师事务所还将考虑是否存在职业或法律法规义务，需要向任何相关权力机构报告解除业务的行动。

（3）如果职业规定或法律法规强制要求会计师事务所保持现有业务，会计师事务所应当记录保持业务的理由，包括考虑向法律顾问进行咨询。

# 4. 人力资源

会计师事务所在所有人力资源问题上认可人力资源管理者的价值和权限。人力资源管理者有责任：

- 维护并执行人力资源政策，合理保证会计师事务所拥有足够的具有胜任能力和必要素质并承诺遵守道德要求的人员，以便：
  - 按照职业准则和适用的法律法规的规定执行业务；
  - 会计师事务所或项目合伙人能够出具适合具体情况的报告；
- 识别劳动法和相关法规导致的政策变化，保持市场竞争力；
- 为有关人力资源事项提供指引和咨询；
- 维护业绩评价鉴定制度；
- 按照要求，根据具体情况提出适当的特定行动或程序的建议（如惩戒、招聘等）；
- 制定并定期监控针对所有人员的年度培训和职业发展计划；
- 制定并发放入职培训资料；
- 维护人事档案（包括每年的独立性确认函、保密协议、培训和持续职业发展报告）。

## 4.1 招聘和留住人才

管理合伙人和人力资源管理者必须评估专业服务要求，以确信会计师事务所具备满足客户需求所需的必要素质和胜任能力。这通常包括对每个年度的业务需求进行详细预期，以识别业务需求的高峰期和可能发生的资源短缺。

人力资源管理者使用与招聘相关申请、面试和记录过程。

会计师事务所在寻找应聘人员时，人力资源管理者将考虑下列事项：

- 验证学术证明和职业证书，核查推荐信；
- 及时明确候选人简历的缺陷；
- 考虑信用和刑事犯罪记录检查；
- 向候选人明确会计师事务所要求他们以书面形式，每年并且针对每项鉴证业务说明其是否保持独立且不存在利益冲突；
- 告知候选人，他们需要签署与了解并遵守会计师事务所保密政策相关的确认函。

插入会计师事务所有关招聘的特殊政策或程序。请参见本指南第4.2节的指引。

会计师事务所要求根据实际情况，在聘期开始后尽早向所有新进人员提供入职信息。入职资料包括会计师事务所的整套政策和程序。所有新进人员的试用期为**【规定期限】**。

会计师事务所努力为其人员的职业发展提供机会，以留住具有胜任能力的专业人员，支持会计师事务所持续增长。

会计师事务所定期复核招聘方案的有效性并对现有资源需求进行评估，以识别是否有必要对招聘方案进行修订。

### 4.2 培训和持续职业发展（CPD）

合伙人和员工必须满足**【说明所在国家和地区或会员团体的要求】**提出的最低持续职业发展要求，以及识别出的适合人员层次和责任的所有额外培训需求。

参加外部职业发展课程必须得到人力资源管理者的批准。

合伙人和员工负责保持他们自己的职业发展记录（适用时，遵守会计师事务所的指引）。管理合伙人或人力资源管理者每年收集并复核这些记录，以确信要求的培训和持续职业发展已得到执行，并确定恰当的行动应对任何不足之处（如相关）。

### 4.3 项目组的委派

通过其政策和程序，会计师事务所确信对每项业务委派恰当的合伙人和员工（从单个看和整体看）。项目合伙人的责任在本手册第5.1节和会计师事务所提供的业务模板中得到明确界定。在向管理合伙人进行咨询后，项目合伙人负责合伙人和员工的委派。项目合伙人还负责确信受派的个人和项目组整体拥有按照职业准则和会计师事务所质量控制制度执行业务所需的必要胜任能力。

会计师事务所将项目合伙人的身份和作用告知客户的管理层和治理层。

会计师事务所负责确信对每项鉴证业务委派的项目合伙人拥有必要的胜任能力和足够的时间，履行按照职业准则和适用法律法规要求执行业务的总体责任。

在确定对业务委派恰当人员时，需要特别关注这些人员的技术知识、资格与经验。与客户的持续合作及轮换要求之间的平衡也要予以考虑。

项目合伙人还将规划初级人员和高级人员之间的辅导机会，以引导经验较少人员的发展。

管理合伙人对所有业务计划问题承担最终责任并拥有最终权限，是有关人力资源和其他资源冲突的最终裁决者，以得出不会损害业务质量的解决办法。

**4.4　对质量控制政策的强制执行（惩戒）**

会计师事务所质量控制制度要求的不只是有效的监控。强制执行过程很重要，包括对违规行为、漠视、缺乏应有的关注、滥用职权和规避等行为的后果及更正程序。

管理合伙人对会计师事务所的惩戒过程承担总体责任。更正行动通过协商而非独断的过程予以确定和管理。采取的更正行动取决于具体情况。

不能容忍严重、有意和重复发生的违反或漠视会计师事务所政策和职业规定的行为。必须采取恰当的步骤更正违规合伙人或员工的行为，或终止其与会计师事务所的关系。

会计师事务所采取的更正行动取决于具体情况。这些行动可能包括但不限于：

- 与涉及的人员面谈，以明确事实并讨论违规原因和解决办法；
- 提供建议或指导；
- 进行后续面谈，以确信遵守情况得到改进，或提醒涉及的员工如不改正，将采取更严厉的更正行动，以保护客户和会计师事务所的利益，如：
    - 申斥（口头或书面）；
    - 强制要求完成界定的持续职业发展；
    - 在人事档案中留下相关书面记录；
    - 停职；
    - 解聘；
    - 向职业协会的惩戒委员会提交正式的通知。

---

插入由于惩戒所导致的会计师事务所的特殊政策或程序。请参见本指南第4.5节的指引。

---

**4.5　奖励守规行为**

在对单个合伙人和员工进行持续评价和定期计划的人事考核过程中，对会计师事务所政策的遵守情况都将是需要突出考虑的因素。

恰当的权重将被赋予评估工作业绩和确定薪酬水平、奖金、晋升、职业发展及

在会计师事务所内部的权限时识别出的特征值。在这些特征值中，应当突出考虑质量。

定期执行的业绩鉴定将包括会计师事务所政策界定的表格和内容。

---

插入会计师事务所的业绩评价表格样板。

---

# 5. 业务执行

通过制定的政策和程序及质量控制制度，会计师事务所要求按照职业准则和适用的法律法规的要求执行业务。

会计师事务所的总体制度旨在合理保证，会计师事务所及其合伙人和员工能够恰当、正确地计划、监督和复核业务，并出具适合具体情况的业务报告。

为了便于合伙人和员工按照职业准则和法律法规要求一贯地执行业务，会计师事务所为记录业务过程提供了工作底稿样板模板。这些模板按要求进行更新，以反映职业准则的所有变化。员工使用这些模板记录关键事实、风险及与接受或保持每项业务相关的评估。会计师事务所鼓励员工在修改这些模板以确信每项业务中这些事项都按照职业准则和会计师事务所的政策得到恰当记录和评估时，运用职业判断。

还可获得的资料包括研究工具和参考资料，本手册中的质量控制制度，恰当的行业标准软件和硬件工具（包括数据和系统的安全接触），指引、培训和教育政策及方案（包括为遵守**【说明适用的国家或地区】**职业发展要求提供的支持性资料）。

监督和复核责任应当由项目合伙人确定，并可能随着业务的不同而不同。复核责任应当在由项目组内经验较多人员复核经验较少人员执行工作的基础上予以确定。复核人员应当考虑项目组是否已经：

- 使用（适当时可改编）会计师事务所的档案编制、记录和往来函件模板，以及软件、研究工具和与业务相关的适当签发程序；
- 遵循并遵守职业及会计师事务所的道德政策；
- 按照行业和会计师事务所的标准，以应有的关注执行工作；
- 充分、适当地记录他们的工作、分析、咨询及得出的结论；
- 保持客观和适当独立的原则，及时、有效地完成工作，并有组织、系统、完整、清楚地记录他们的工作；
- 确信所有的工作底稿、文件记录和备忘录及就疑难问题或争议事项进行的适当咨询都得以生成、恰当地交叉索引并签署日期；
- 确信明确制定并记录恰当的客户沟通、声明、复核及责任；
- 确信业务报告反映了已执行的工作和预期目的，并在外勤工作结束后迅速出具。

## 5.1 项目合伙人的作用

项目合伙人负责签署业务报告。作为项目组的领导者，项目合伙人对下列方面承担责任：

- 受派执行的每项业务的整体质量；

- 对与客户保持独立性要求的遵守情况形成结论，同时，获取要求的信息以识别对独立性产生的不利影响，采取行动消除该不利影响或采取适当的防范措施将其降至可接受的水平，确信完成了恰当的记录；
- 确信已遵守有关客户关系接受与保持的适当程序，得出的相关结论是适当的并已得到记录；
- 某项信息若在接受业务前获知，可能导致会计师事务所拒绝该项业务，将获取的该信息立即告知会计师事务所，以便会计师事务所和项目合伙人能够采取必要的行动。
- 确信项目组整体上具备按照职业准则和适用法律法规要求执行业务的适当胜任能力和素质；
- 按照职业准则和法律法规要求监督或执行业务，确信出具的报告适合具体情况；
- 将自己作为项目合伙人的身份和作用告知客户管理层和治理层的关键成员；
- 通过复核底稿及与项目组进行讨论，确信已获取适当的证据，作为得出结论和出具报告的基础；
- 通过就疑难问题或争议事项进行适当的咨询（内部和外部），承担对业务的责任；
- 确信质量控制复核人员按照职业准则或会计师事务所的政策予以委派；与项目质量控制复核人员讨论执行业务过程中出现的以及在实施项目质量控制复核时识别的重大事项。只有完成复核，才能签署报告。

## 5.2　咨询

会计师事务所鼓励项目组之间以及就重大事项向会计师事务所内部其他人员和外部人员（经过授权）进行的咨询。内部咨询利用会计师事务所的整体经验和技术专长（或会计师事务所可获得的），以降低出错的风险，提高执行业务的质量。咨询氛围可以改进合伙人或员工的学习与发展过程，增强会计师事务所的整体知识基础、质量控制制度和职业素质。

针对计划阶段或整个业务执行阶段识别的所有重大问题、疑难问题或争议事项，项目合伙人应当确信向拥有适当经验、知识、胜任能力和权限的人员进行咨询。咨询对象可能是其他合伙人、员工或有适当资格的外部人员（如必要）。**【会计师事务所可在此处列出与之有咨询协议的所有外部人员】**。会计师事务所内部的所有专业人员应当乐于就处理这些问题并据此得出结论提供互相帮助。

会计师事务所将确信获得拥有足够技巧的人员、财务资源及信息资源，以进行适当的内部或外部咨询。

如果进行内部咨询且问题重大，项目组应当记录咨询及其结果。如果需要进行外部咨询并获得项目合伙人或管理合伙人授权，这种情况也应当得到正式记录。外部专家的意见或职务应当得以充分记录，以向档案阅读者提供充分的细节，使其了解咨询性质的全部内容、外部专家的资格和相关胜任能力以及建议的行动过程。

所有相关事实都应提供给外部专家，使其能够提出有见地的意见。在寻求咨询建议时，为了得到特别想要的结果而隐瞒事实或控制信息是不适当的。外部专家应当与客户保持独立，不存在利益冲突，保持高度的客观性。

外部专家的建议通常作为争议事项的解决方法或解决方法的一部分而得到实施。如果没有实施咨询建议，或该建议与结论大不相同，项目合伙人应当提供记录了原因和考虑的替代方法的解释，以及咨询记录（或给出交叉索引）。

如果不止完成一项咨询，建议在工作底稿中增加对总体讨论和所提供不同意见或方案的概述。最终采用的意见或选择以及采用的理由也应当得到记录。

对于所有外部咨询，隐私权和客户的保密要求必须得到遵守。可能有必要就与道德、职业行为或法律法规事项相关的这些或其他问题寻求法律意见。

### 5.3 意见分歧

会计师事务所及其合伙人和员工应当按照会计师事务所和职业标准，采取必要步骤，充分识别、考虑、记录和解决多种情况下可能出现的意见分歧。

在帮助更加容易或及时、非对抗性地解决争论或意见分歧时，全体合伙人和员工应当努力做到客观、尽责、开放和理性。

发生争论或意见分歧的当事人应当通过与其他人讨论、研究和咨询，尝试用及时、专业、尊重和礼貌的方式解决问题。

如果问题不能得到解决，或者不确定应当采取何种行动，当事人应当将问题提交给更高级别的项目组成员或项目合伙人。

如果问题涉及会计师事务所内部职业监管或实务管理的特殊领域，该问题应当提交给负责该领域的合伙人（由项目合伙人提交更好）。项目合伙人将咨询当事人，考虑问题并决定如何解决。合伙人应当将决定和作出决定的理由告知当事人。

如果仍有争论或意见分歧，或者一个或多个当事人对决定感到不满意，当事人应当考虑该事项是否需要引起质量控制关注，或有足够影响，有必要直接提交项目合伙人或管理合伙人。

所有合伙人和员工都受到保护，不会因为本着善意和将社会公众、客户、事务所或合作者的真正利益放在心上，提醒注意合法的、重大的问题后，遭到任何形式的报复、职业限制或惩罚。

合伙人和员工应当理解，提出超出项目组或项目合伙人层次的事项是严肃的，不能因为该事项可能需要合伙人耗费大量时间处理而将之最小化。该事项可以口头形式（如果该事项非常敏感或需要保密，尽管实务中不鼓励口头提出某事项），或书面形式提出。

管理合伙人将考虑提交的事项，如果该事项被认为是重大、有价值的，考虑向其他合伙人进行咨询并将会计师事务所的决定告知当事人。在所有情形下，执行业务过程中进行咨询的性质、范围及由此得出的结论都应当得到记录。

如果某人仍然对事项的解决感到不满意，又无法从会计师事务所内部获得进一步的求助对象，该人员需要考虑事项的重要程度，以及他的职业责任和职务或与会计师事务所的继续聘用关系。

对于涉及业务的任何问题，争论或意见分歧都应当以与咨询相同的方式予以记录。在任何情况下，只有问题得到解决，才能签署报告。

书面的合伙关系协议应当明确解决分歧的办法，如果难以友好地解决分歧，可以遵循解除合伙关系的政策。

## 5.4 项目质量控制复核（EQCR）

所有业务都必须对照会计师事务所制定的标准（见下文）予以评估，以确定是否应当实施项目质量控制复核。对于新客户关系，在接受业务之前应当进行评估；对于现有客户，在业务的计划阶段应当进行评估。

会计师事务所政策应当要求项目合伙人在签署业务报告之前，满意地解决项目质量控制复核提出的所有问题。

**在签署上市实体财务报表审计报告之前，会计师事务所要实施项目质量控制复核。**对需要实施项目质量控制复核的其他业务，只有完成项目质量控制复核，才能签署报告。

会计师事务所可能希望实施项目质量控制复核的情形举例如下：

- 如果由于项目合伙人与客户存在长期密切的私人关系或密切的商业关系而对独立性产生重大、反复发生的不利影响，该不利影响已被降至可接受的水平，实施项目质量控制复核是降低不利影响的防范措施的一部分；
- 已识别的涉及项目合伙人的独立性不利影响反复发生且被认为是重大的，但是实施项目质量控制复核可以合理地将这些不利影响降至可接受的水平；
- 业务对象与对特定公众或一般公众重要的组织有关；
- 大量消极的股东、等同权益单位持有人、合伙人、共同投资者、受益人或接受并依赖报告的其他类似人员；
- 识别出与接受或保持业务相关的特别风险；
- 对客户的持续经营能力存在疑虑，对第三方使用者（管理层除外）有潜在的重大影响；
- 对使用者的重大影响和风险涉及新的、非常复杂的专门化交易，如衍生工具和套期保值、股票薪酬、非常规金融工具，广泛使用对第三方使用者有重大潜在影响的管理层估计和判断；

- 客户是大型私人实体（或相关团体由同一个项目合伙人承担审计责任）；
- 客户支付的总费用占单个合伙人或会计师事务所年度毛收入的比重很大（例如，超过10%～15%）。

此外，可能还有因素导致业务已经开始后需要实施项目质量控制复核。这些因素可能包括下列情形：

- 在执行业务过程中，业务风险已经增加，如客户成为了收购的焦点；
- 项目组成员之间存在顾虑，认为报告不适合具体情况；
- 识别出新的、重要的财务报表使用者；
- 客户面临业务接受过程中没有出现的重大诉讼；
- 执行业务过程中识别出的已更正和未更正错报的重要程度及处置情况存在问题；
- 与管理层就重大会计问题或审计范围限制存在不一致意见；
- 存在范围限制。

---

提供会计师事务所政策确定的其他标准清单。每个会计师事务所应当确定自己的质量控制复核标准。参见本指南第5.6节的指引。

---

5.4.1 项目质量控制复核的性质、时间安排和范围

即使业务满足标准，实施项目质量控制复核这一决策以及项目质量控制复核的范围将取决于业务的复杂程度和相关风险。项目质量控制复核并不减轻项目合伙人对业务承担的责任。

项目质量控制复核应当最少包括：

- 与项目合伙人讨论重大问题；
- 复核财务报表或其他业务对象信息和报告草稿；
- 复核选取的与项目组作出重大判断和得出结论相关的业务工作底稿；
- 评价在编制报告时得出的结论，并考虑拟出具报告的恰当性。

质量控制复核人员应当使用标准化项目质量控制核对表，以完成复核并提供对该复核的恰当记录。

对于上市实体（和会计师事务所政策中包括的其他组织），项目质量控制复核还必须考虑：

- 项目组对与特定业务相关的会计师事务所独立性作出的评价；
- 是否已就意见分歧或其他疑难问题或争议事项进行恰当的咨询，以及咨询得出的结论；
- 挑选用于复核的工作底稿是否反映了已执行的、与作出重大判断相关的工作并支持得出的结论。

质量控制复核人员应当较早参与业务过程，以便及时复核业务执行过程中出现的所有重大问题。可以考虑随着业务进展执行部分复核工作。在任何情况下，项目质量控制复核人员只应当复核已由项目合伙人复核过的工作。

质量控制复核人员应当在报告发布前，最少留出【**插入按照会计师事务所政策确定的天数**】用于项目质量控制复核，其中留出两天用于整理复核及完成工作。业务规模越大、越复杂，留出来实施项目质量控制复核的时间自然必须越长。

只有完成项目质量控制复核，才能签署业务报告。

### 5.4.2 项目质量控制复核人员（QCR）

会计师事务所负责制定标准委派项目质量控制复核人员并确定他们的资格。

会计师事务所已委派管理合伙人履行这些职责，包括指定合伙人和员工承担项目质量控制复核的责任以及确定他们受派实施复核的业务。

项目质量控制复核人员必须客观、独立，拥有充分的培训、经验、技术专长和权限，以及履行职责所需的能力和时间。适合于履行项目质量控制复核职责的候选人通常具备的特征包括在现行会计和鉴证准则方面具备较高的技术专长，拥有较高层次的丰富经验。

项目质量控制复核人员不能是项目组的成员，不能直接或间接复核自己的工作或作出与业务执行相关的重要决策。

会计师事务所鼓励在履行项目质量控制复核职责的有资格的专业人员之间进行咨询，项目组在业务执行过程中向项目质量控制复核人员进行咨询并非异常。只要项目合伙人（而非项目质量控制复核人员）作出最终决策，而且咨询的问题不是特别重大，这种咨询将不会损害复核人员的客观性。咨询过程能够避免在业务执行的后期产生意见分歧。

如果项目质量控制复核人员的客观性因为对特定问题提供咨询而受到损害，会计师事务所应当另行委派项目质量控制复核人员。

# 6. 监控

质量控制政策和程序是会计师事务所内部控制制度的关键部分。所有层次的合伙人和员工都应当持续努力，以满足质量、道德、职业准则以及会计师事务所的标准，不过负责决策及监督其他人工作的那些人员对日常监控及质量控制政策和程序的执行负有更大的责任。

此外，监控是质量控制制度的独特构成要素。它主要包括了解质量控制制度，并通过面谈、穿行测试、检查业务工作底稿及与质量控制制度运行相关的其他记录（例如，培训和持续职业发展记录以及独立性确认函），确定质量控制制度是否以及在何种程度上有效设计并运行。监控也包括针对质量控制制度提出改进建议，特别是发现缺陷或职业准则和实务发生变化时。

会计师事务所必须注意根据最新发展检查质量控制制度持续有效性的需要，以及通过业务档案层次的正式监控定期测试控制的需要，以确信控制正在有效运行，不存在故意规避或运行不如预期严格的情况。

会计师事务所也要考虑**【插入相关职业联合会或协会的名称】**进行实务检查和执照发放时提供的所有反馈意见。不过，这种反馈不能替代会计师事务所自身的内部监控方案。

会计师事务所应当将监控责任委派给一个或多个合伙人或有适当经验和权限的其他人员（监控人员），很可能是外部人员。会计师事务所也可制定内部监控制度，或与适当的独立人员签约，决策将取决于会计师事务所在进行检查时的资源水平以及有效实施监控的能力。这个决策将由管理合伙人在每个检查周期，向所有合伙人进行咨询后作出。

## 6.1 监控方案

对质量控制政策和程序实施情况进行监控的责任要与对质量控制承担的总体责任区分开来。

质量控制制度旨在合理保证重大的、持续发生的违反政策和质量控制的行为不可能发生或不被发现。监控方案的目的是帮助会计师事务所合理保证与质量控制制度相关的政策和程序是相关、充分且运行有效的。监控方案也旨在帮助确信会计师事务所遵守了实务和法律法规的复核要求。

全体合伙人和员工必须与监控人员合作，认可监控人员是质量控制制度的重要组成部分。合伙人和管理者对监控过程的支持以及对监控人员评论和发现的重视尤其重要。不一致意见、不遵守或漠视监控人员发现的情况应当通过会计师事务所争论处理流程得以解决（见本手册第 5.3 节）。

### 6.2 检查程序

对会计师事务所质量控制制度进行的监控将定期完成。作为监控方案的一部分，会计师事务所应当挑选单项业务进行检查，挑选前可以不事先告知该项目组。尽管在每次检查时，针对每个项目合伙人，选择一项或多项已完成并签发的业务是比较好的做法，会计师事务所可以另行选择，以确信在每个周期（通常不超过三年）内，对每个项目合伙人至少检查一项已完成的业务。参与项目组或担任特定业务质量控制复核职责的人员不应当具有对同一工作底稿实施监控的资格。

监控人员设计检查程序时，将考虑前期监控的结果、单个合伙人和员工权限的性质及范围、会计师事务所实务的性质和复杂程度以及与会计师事务所客户相关的特定风险。

会计师事务所将指示监控人员编制恰当的检查记录，包括：

- 评价质量控制制度要素的结果；
- 对会计师事务所是否已恰当运用质量控制政策和程序进行的评价；
- 对职业准则和适用法律法规要求遵守情况进行的评价；
- 对出具的业务报告是否适合具体情况进行的评价；
- 对缺陷及其产生原因和影响的识别，对是否需要采取进一步行动作出的决策及对该行动的详细说明；
- 对结果和得出结论的概述（提交给会计师事务所），以及对更正行动或需要的变化提出的建议。

项目合伙人（与其他适当人员一起）将一起碰头以复核报告，并决定对制度、作用、责任、惩戒行动、认可及确定的其他事项作出的更正行动或变化。

会计师事务所每年将与监控结果相关的信息传达给所有合伙人和员工，包括对监控过程作出的详细描述以及对会计师事务所质量控制制度的总体遵守情况和有效性得出的结论。

### 6.3 评价、沟通并更正已识别的缺陷

会计师事务所应当考虑已识别的缺陷是否表明质量控制制度存在结构性缺陷，或表明特定合伙人或员工违反了质量控制制度。会计师事务所也应当就监控人员发现并报告的所有缺陷以及对更正行动的建议与相关项目合伙人或其他适当人员进行沟通。

处理已报告缺陷的建议应当着重于应对这些缺陷产生的原因，并应当包括下列一项或多项措施：

- 采取与某项业务或某个成员相关的适当补救措施（如下文6.4.1节列出的措施）；

- 将发现的缺陷告知人力资源管理者；
- 改进质量控制政策和程序；
- 按照本手册第 4.4 节的规定实施惩戒。

如果会计师事务所看起来出具了不恰当的报告，或报告的业务对象包含了错报或是不正确的，会计师事务所应当确定为了遵守职业准则和法律法规的规定，采取何种进一步行动是适当的。在这种情况下，会计师事务所也应当考虑获取法律意见。

如果缺陷被认定是系统性或重复发生的，迅速采取更正行动将是必要的。在多数情况下，与独立性和利益冲突相关的缺陷要求立即采取更正行动。

## 6.4 对监控结果的报告

完成对质量控制制度的年度评估后，监控人员必须将结果报告给管理合伙人、项目合伙人和其他适当人员。报告应当足以使会计师事务所及这些人员能够在其职责范围内及时采取适当的行动。报告也必须包括对已实施监控程序作出的详细描述和实施监控程序得出的结论。如果注意到系统性的、重复出现的或重大的缺陷，报告还必须包括采取的或拟采取的解决措施。

监控报告至少包括：

- 对已实施的监控程序作出的描述；
- 实施监控程序得出的结论；
- 如果相关，对系统性的、重复出现的或其他重大的缺陷，采取的行动以及解决这些缺陷的进一步建议行动作出的描述。

---

插入会计师事务所监控报告的样板。

---

### 6.4.1 违规行为

违反会计师事务所质量控制制度的行为是很严重的问题，尤其是合伙人或员工有意违反会计师事务所的政策。

由于质量控制制度生效后能够保护社会公众的利益，会计师事务所必须透明、严厉地处理有意的违规行为。会计师事务所可以采取很多方式处理有意的违规行为，包括制定改进计划、实施业绩复核、重新考虑晋升和提高薪酬的机会以及最终终止聘用关系。

在某些情况下，对难以遵守质量控制制度的合伙人和员工施加临时监管是有必要的。这可能包括在出具报告之前，要求另一个合伙人复核已执行的工作，或由监控人员评估工作。另一个可行办法是临时或永久限制这些合伙人或员工执行工作的类型，例如，限制其参与大规模实体的业务。

### 6.5 投诉和指控

会计师事务所认可管理合伙人拥有权限，能够处理针对会计师事务所已实施工作未能遵守职业准则和适用法律法规的规定以及未能遵守会计师事务所质量控制制度而提出的所有投诉和指控事项。

投诉和指控是很严重的问题，尤其是合伙人和员工针对彼此提出的，或客户提出的，与未能保持有关客户工作的关注责任或其他违反职业或法律责任相关的投诉和指控。管理合伙人应当认真考虑将这些事项告知会计师事务所的职业责任保险公司或寻求法律意见。如果存在任何不确定性，管理合伙人可以向其他合伙人或其他值得信任的专业同事进行咨询。

客户或其他第三方提出的任何投诉将在实务工作中予以尽早回复，同时确认正在处理投诉事项，在进行恰当调查后会尽快给出答复。

会计师事务所保持明确界定的政策及相应的程序，该程序详细说明出现投诉或指控后需遵循的过程。

对这类事项的调查将被委派给管理合伙人，也可能指定给不涉及投诉或指控的、拥有胜任能力和经验的合伙人或员工。

对投诉和指控的处理过程让全体合伙人和员工能够没有顾虑地提出关注的问题。

---

插入会计师事务所的特殊政策和程序，该政策和程序可能说明在这些情况下需遵循的过程。参见本指南第6.6节的指引。

---

如果调查发现会计师事务所质量控制政策和程序在设计或运行上存在缺陷，或发现一人或多人违反会计师事务所质量控制制度，会计师事务所应当采取包括下列一项或多项措施在内的适当行动：

- 采取与某项业务或某个成员相关的适当补救措施（如上文6.4.1节列出的措施）；
- 将发现的缺陷告知人力资源管理者；
- 改进质量控制政策和程序；
- 按照本手册第4.4节的规定实施惩戒。

# 7. 记录

## 7.1 记录会计师事务所的政策和程序

会计师事务所制定政策和程序，规定所有业务的记录的详细程度和范围（正如会计师事务所手册或业务模板的规定）供全所使用。会计师事务所也要保持政策和程序，要求进行适当的记录，为会计师事务所质量控制制度每一要素的运行情况提供证据，对质量控制记录的保存期限足以使执行监控程序的人员能够评价质量控制制度的遵守情况，或根据法律法规的规定，将记录保留更长时间。

这些政策确信记录是充分、适当的，能够为下列方面提供证据：

- 遵守会计师事务所质量控制制度的每一要素；
- 与表明项目质量控制复核已在报告日或报告日之前完成（如适用）的证据一起，支持每个业务报告已按照职业和会计师事务所标准及法律法规的要求出具。

## 7.2 记录业务

会计师事务所的政策规定业务记录应当包括：

- 业务计划核对表或备忘录；
- 识别出的有关道德要求的问题（包括对遵守情况的说明）；
- 遵守独立性要求，对与这些问题相关的所有讨论进行记录；
- 与客户关系的接受与保持相关的结论；
- 为评估因舞弊或错误导致的财务报表层次和认定层次的重大错报风险而执行的程序；
- 已执行的风险应对程序的性质、时间安排和范围，包括结果和结论；
- 咨询的性质、范围和得出的结论；
- 收发的所有沟通报告；
- 在报告日或报告日之前完成的项目质量控制复核的结果；
- 确认不存在将导致复核人员认为作出的重大判断和得出的结论是不恰当的尚未解决事项；
- 相关结论表明已获取并评价充分、适当的审计证据，能够支持出具的报告；
- 关闭档案，包括适当的签署同意。

插入对业务记录的最低特殊要求。参见本指南第7.3节的指引。

会计师事务所政策要求最终业务档案的归整工作应当在**【插入天数，通常不超过审计报告日后60天】**内完成。如果针对同一业务对象信息出具两个或多个不同的报告，会计师事务所有关归档期限的政策将其视为不同的业务，分别进行归档。

任何业务工作底稿的保存期限必须不短于**【插入保存期限，通常自审计报告日起，或自集团审计报告日起（若迟于审计报告日），不短于五年】**，使实施监控程序的人员能够评价会计师事务所遵守内部控制制度的程度，同时还要满足职业准则和法律法规对会计师事务所提出的要求。

### 7.3 记录项目质量控制复核

履行质量控制复核职责的每个合伙人或员工必须完成会计师事务所的标准化项目质量控制复核核对表，以便为复核已完成提供记录。这必须包括确认函和支持性证据或对其的交叉索引，以证实：

- 有适当资格的合伙人和员工已执行项目质量控制复核要求的程序；
- 在报告日或报告日之前完成了复核；
- 不存在引起项目质量控制复核人员注意的尚未解决事项，使其相信项目组作出的重大判断和得出的结论是不恰当的。

### 7.4 对档案的接触和保存

会计师事务所已制定政策和程序以处理与业务工作底稿的保密、安全保管、完整性及使用和检索相关的工作。

这些政策包括考虑法律法规中的各种保存要求，以确信业务工作底稿的保存期限足够长，能够满足会计师事务所的需要。

所有工作底稿、报告和会计师事务所编制的其他文件（包括客户编制的工作表）都是保密的，应当受到保护，防止未经授权接触这些记录。

复核工作底稿的所有外部请求必须经项目合伙人或管理合伙人批准，只有获得批准，才能接触文件。

工作底稿不应提供给第三方，除非：

- 客户已经书面授权披露信息；
- 职业责任需要披露信息；

- 法律或司法进程要求披露信息；
- 法律法规要求披露信息。

除非法律禁止，在向他人提供工作底稿进行复核前，会计师事务所必须告知客户并获取其书面授权。当潜在的买家、投资者或借款人要求获取工作底稿进行复核时，必须向客户获取授权书。如果客户不愿授权进行任何必要的信息披露，会计师事务所应当考虑寻求法律意见。

面临诉讼或潜在诉讼，或监管或行政管理程序时，会计师事务所在没有获得法律顾问同意时不应当提供工作底稿。

会计师事务所政策规定了下列每类文件的保存期限：

永久性档案　　　　　　**【年限】**

税务文件　　　　　　**【年限】**

财务报表和报告　　　　**【年限】**

年度或定期工作底稿　　**【年限】**

往来函件　　　　　　**【年限】**

对前客户工作底稿和档案的最短保存期限应当是**【年限】**。

建议对存储在外部的所有档案保持可接触的永续记录，并对每一个存储器添加恰当的卷标，以便识别和检索。也建议由负责事务所管理的合伙人批准档案的销毁工作，并保持对所有销毁资料的永久记录。

### 7.5　投诉与指控

针对会计师事务所的投诉与指控应当同会计师事务所的处理情况一起予以记录。

# 附录：ISQC1 到质量控制手册的路径图

下表显示了 ISQC1 与质量控制手册相关节和段（在括号中显示）之间的相互关系。

| ISQC1 段落 | 质量控制手册节（段） | ISQC1 段落 | 质量控制手册节（段） |
|---|---|---|---|
| 1－10 | 没必要考虑① | 37 | 5.4.1（2） |
| 11 | 总体政策说明（1） | 38 | 5.4.1（4） |
| 12 | 封面（阴影） | 39 | 5.4.2 |
| 13－17 | 没必要考虑② | 40 | 5.4.2 |
| 18 | 1.1（2.4） | 41 | 5.4.2 |
| 19 | 1.1（5） | 42 | 7.3 |
| 20 | 2 | 43 | 5.3 |
| 21 | 2.1 | 44 | 5.3（11） |
| 22 | 2.1.2 和 2.1.1（3.5） | 45 | 7.2（2） |
| 23 | 2.1. 2（4 至最后） | 46 | 7.4 |
| 24 | 2.1.2（3） | 47 | 7.4 |
| 25 | 2.1.3 和 2.1.4 | 48 | 6（2.5）、6.1（2）和 6.2（1） |
| 26 | 3.1 | 49 | 6.3（1） |
| 27 | 3.1.1－3.1.3 | 50 | 6.3（1） |
| 28 | 3.1.3（3）和 3.2 | 51 | 6.3（2） |
| 29 | 4 | 52 | 6.3（3） |
| 30 | 4.3 | 53 | 6.4 |
| 31 | 4.3（1） | 54 | 没必要考虑③ |
| 32 | 5 | 55 | 6.5 |
| 33 | 5（5） | 56 | 6.5（7） |
| 34 | 5.2 | 57 | 7.1 |
| 35 | 5.4 | 58 | 7.1 |
| 36 | 5.4.1 | 59 | 7.5 |

① 这些段落介绍了准则的范围、权限和生效日期。

② 这些段落隐含在手册及其内容中。

③ 本段仅适用于网络事务所。